向阳而生

钧岚——著

FACING
THE
SUN

UNITY PRESS 团结出版社

图书在版编目（CIP）数据

向阳而生 / 钧岚著. -- 北京 : 团结出版社,
2023.7
ISBN 978-7-5234-0238-2

Ⅰ. ①向… Ⅱ. ①钧… Ⅲ. ①青少年教育—家庭教育
Ⅳ. ①G782

中国国家版本馆CIP数据核字(2023)第113787号

出　版：团结出版社
（北京市东城区东皇城根南街84号　邮编：100006）
电　话：（010）65228880　65244790
网　址：http://www.tjpress.com
E-mail：zb65244790@vip.163.com
经　销：全国新华书店
印　刷：河北盛世彩捷印刷有限公司
装　订：河北盛世彩捷印刷有限公司

开　本：145mm × 210mm　32开
印　张：5.5
字　数：105千字
版　次：2023年7月　第1版
印　次：2023年7月　第1次印刷

书　号：978-7-5234-0238-2
定　价：59.00元

自 序

感谢你的选择，感谢你对我的信任，从你拿起这一本书，我们的缘分就开始了！我非常喜欢“遇见”这两个字，我用这本书遇见了你的生命，同时，我更加确定，书中的内容会触达你的生命，改变你的认知，改变你的行为，从而改变事情的结果。

在我从事8年青少年抑郁症的心理咨询工作中，帮助了上千例青少年抑郁症的家庭，积累了大量的案例，把有效的方法收录在这本书中，用于陪伴你的成长和孩子的康复。

我知道，当你拿到这本书开始学习的时候，是为了治疗孩子的抑郁症，但是一两年后你会发现，你收获的一定不仅仅是孩子的康复，还有你的生命成长、变化、觉醒以及内在智慧的生发。你会发现自己成为了家庭里的光，家族里的光，社会群体里的光。

通过学习，你将收获5个礼物：

1.你的生命开始变得轻盈了；

2.你的大脑变得敏锐并且开始拥有了觉知力；

3.你的心有了活力，你的胸口不那么堵了，不那么沉重了；

4.你的脸上有笑容了，你的嘴角开始上扬了；

5.你的孩子好转并康复。

接下来，我有一个邀请，请跟我说："我为我的世界负责""我的孩子生病了，我负责"。虽然这个责任的担负，会让你有负重感，但是当你接纳了这一点，孩子就离康复不远了。我不是让你去担负一个沉重的责任，我希望你能看到事物的本质——每一个人都是环境的产物。所以，孩子得了抑郁症、焦虑症有家庭的原因，所以"我负责"。当你开始对孩子的康复负起责任，当你开始全力以赴去改变现状，你就会发现孩子在不知不觉中康复了。

学习方法

陪伴孩子康复，不是一件容易的事，我能够深度地理解你，我知道在这个过程当中你也经历了焦虑或者彻夜难眠，我知道你心疼孩子病发时候的难受，我也知道你对孩子未来的担心，但是我希望你能够静下心来全然地把时间关注于自己的学习和提升。孩子生命之所以焦虑和抑郁，是因为他心中有渴望，而那渴望才是他的人生的方向。

你身后之所以有阴影，是因为前方有阳光，你无须甩掉阴影，只要你向阳而生。当你面向阳光，阴影只在你的背后，人生不可能没有无奈，面朝阳光却是你的的能耐，移动到更好的环境才是康复的上上策。所以，当你认知一旦被改变的时候，行为就会发生变化，孩子也会慢慢地好转。

基本上这一本书当中有你所遇到的大部分问题的答案，希望通过这本书把这些答案都给你。

最后，希望你开始看见你自己的生命故事，并且相信你是一个创造奇迹的人。

给孩子的一封信

亲爱的孩子：

作为母亲，我向你道歉！在过往的生活中，我不知道如何跟你相处，所以我也常常犯错。但是，请你原谅我，因为我也是第一次做母亲。

我还依稀记得，你出生的那一刻，当我们第一次见面，那是我期待已久的相逢，我看见你那圆圆的小脸，我看到你那漂亮的眼睛，你的身体那么小，那么柔软。我欢迎你！我感动于你的到来，这是一次期待已久的相逢！我依稀还能感觉到，你在我的子宫中每一次踢我的感动和感受。可是，在你来到我的面前的时刻，我知道你是我的全世界，我知道，你将占据我人生所有的精彩。

我默默地对你说，我爱你！我爱你！我爱你！慢慢地陪伴你长大，你每一天有丝毫的长大，我都喜出望外。当你满月的那一天，你的小身体竟然长了五斤。因为这五斤的长大，我就要对你有一份庆祝和嘉许。我是那么赞叹，生命就是这样一点一滴在天地之间的护佑中长大；生命就是这样在我的眼前一天一天长大。直到你三岁、五岁，我对你每一天的成长都欣喜若狂，我会感动你每一次跌倒后爬起来的勇气，我会感动你每一次做错事的那份小心翼翼。

不知曾几何时，我们的关系变了，变得那么的陌生，你的心里话不再愿意对我说了。我不知道从什么时候，我们没有那么亲密了。这时，我才意识到，孩子，你长大了！原来你已经成为青少年，花季的少女；我才意识到，你的个子已经快要跟我一样高了。这时，我感受到：你每一天面对学习的压力、面对在这个社会当中的要求。在这里我深深地对你说：孩子，好抱歉呀！妈妈没有在任何事件里站在你这一边。妈妈好想对你说：孩子，真的对不起！因为我不知道做父母何为正确。

在过往的生活当中，我也因为生活的压力，社会对我的要求和繁重的工作，有着诸多的情绪。而那个时候，我错误地以为你是最爱我的人，所以你不会怪我，你不会怨我，我就把我所有的情绪，都抛向你幼小的心灵和身体。

今天我才知道：孩子，妈妈错了，对不起，真的对不起！妈妈深深地对你说：对不起！我不知道，我把情绪抛向你，竟然是把你推向了愤怒，竟然是把你推向了无奈、无助。孩子，对不起，真的对不起！请原谅我的无知给你造成的伤害，也请原谅妈妈不知道该如何做妈妈，对你造成的伤害。请你能够体谅我：我也是第一次做父母，我也是第一次成为妈妈。

我只希望，在我们未来的日子，我能够更加让你觉得被关爱、被体贴、被爱护。我只希望，在未来的日子里，我能够活成一个你心目中的妈妈；我希望我能带给你爱，带给你感动，带给你喜悦；我希望，我是一个能够成就你的妈妈。我会为此而努力，请你原谅我！

孩子，请你原谅我，原谅我过往对你做的所有无知的行为，原谅我曾经那暴躁的脾气，原谅我曾经对你不对的做法。真的很抱歉，很抱歉，对不起，对不起，对不起。希望在我这一声声的对不起中，疗愈你过往的伤害和创伤，对不起，对不起，对不起……

目录

CONTENTS

上篇：康复的认知

01 第一章 构筑康复的基础

中篇：改变身份，成为觉醒者

02 第二章 内观自己，获取力量

03 第三章 家族动力是生命留给我们的宝藏

04 第四章 疗愈原生家庭的创伤

下篇：康复的心法

05 第五章 支撑你走过生命困境的力量

06 第六章 命运一定钟爱那些愿意慢慢变好的人

上篇

康复的认知

第一章 Chapter 01

构筑康复的基础

第一节　信念：生命的康复奇迹

《2022年国民抑郁症蓝皮书》数据显示，目前青少年抑郁症患病率为15%～20%。在抑郁症患者群体中，50%为在校学生，其中41%曾因抑郁休学，46%从没有寻求过任何帮助。这个数据让人触目惊心。

为什么会这样？因为孩子的成长需要自由的时间和空间，但当今社会内卷严重，父母的急功近利和高度焦虑已经严重挤压了孩子的时间和空间；揠苗助长的教育手段也容易导致孩子情绪压抑。如果父母的沟通方式不当，让孩子压抑的情绪无法释放，就会造成厌学、撒谎、学习动力不足、抑郁等种种问题。

抑郁症，对人的伤害堪比癌症，尤其是对青少年。如果孩子的抑郁症不能够及时接受治疗，他几乎终生会丧失社会功能。

从2016年到2023年，我治愈了上千例青少年的抑郁症。很多人好奇，我们是用什么方法帮助孩子们治愈的？我用8年的时间研发了一套青少年抑郁症康复治疗系统。通常情况下，当心理咨询师看到孩子患有抑郁症之后，会把所有的关注点放在和孩子的约谈、咨询，或是建议服药等方法上，但是我聚焦于家长的改变。

因为我坚信土壤改变之后，种子自然会生根发芽，开花结果。我专注于改变父母的认知，从而改变他们与孩子的相处模式。因为父母改变了，所以孩子自然而然康复了。

什么样的人会改变最大？相信孩子的人生会改变的人。抑郁症其实是我们人生的困境对孩子生命的投射，治病就是改命。所以请你相信孩子一定会康复，相信生命本身就是奇迹。

第一，请你相信：生命本身就是奇迹。

你每天关注奇迹，奇迹就发生，关注苦难，苦难就更多。关注认知，关注行为，当你转换关注点，慢慢地你会看见生命的伟大，奇迹就会发生。

你要相信生命的伟大，相信生命本就有成就，相信孩子的未来足够好。因为每个孩子都有不一样的人生，他是带着不同的天赋而来的，所以当你相信他的生命可以创造奇迹，孩子就会越来越好。

第二，请你相信：上天有好生之德。

上天有好生之德，它让日头照耀你，让月亮使你休养生息，滋养你，让空气保护你不受到紫外线的影响，让太阳不灼伤你的皮肤，让大地来承载你，让你能够脚踩实处。上天对你的爱是你无法用意识去想象的。

孩子是上天赐给我们最大的产业，你只是代替上天照顾这个孩子。孩子是一个独立的个体，是一个独立的灵魂。

我们要把生命的自主权交给他，在孩子还没有长高的时候，尤其七岁之前，伴随着尊重，这是对生命正确的开启方式。孩子遗传你的基因，是你生命以及思想的传承。对生命有尊重，你就知道怎么跟孩子相处了。

第三，请你相信：生命比你自己更爱你。

你的生命本身就有高度，它非常智慧地引领着你走好每一步路，你的生命比你更爱你。你要相信孩子，孩子有自己生命的守护者，守护者比爸爸妈妈更爱孩子。

纪伯伦说孩子因为你而来，你生过他，他借由你的身体而来，但是他不是你的孩子，他是宇宙的孩子，他代表宇宙更高能量和更高信息而来，他愿意选你做他的妈妈，是他的出现让你学会爱，知道生命的可贵，忆起自己的成长过程。孩子用他的生命照见我们的生命，用他的生命唤醒我们内心对爱的渴望，对爱的给予，让我们有机会奉献爱。

当你相信孩子能够康复，让相信的力量扎根，孩子的康复就是必然的。这就是相信的力量。

第四，请你相信：你的念头正在创造世界。

对孩子的担心都是诅咒，你担心的事情往往会发生；而如果你想象美好的事情，美好的事情也会发生。对孩子的人生不要担忧，而是相信他会越来越好，孩子生病了，要相信他能康复，要对孩子的生命散发出正能量。

日本学者江本胜的著作《水知道答案》，用丰富的照片解释了心念是可以传递的，人把心念传给了水，水的结晶会以花纹的形式表现出来。赞美水，结晶图案美丽和谐；诅咒水，结晶图案丑陋凌乱。这说明心念可以传递，所以我们要给孩子传递积极正向的心念。

第五，请你相信：天地之间有一位神，他在保护每一个人。

相信有一种力量会去保护你的孩子，向这个力量去做正向念力的祈祷。

什么是正向念力的祈祷？就是我的孩子会很快乐，我愿意看见孩子是安宁的、稳定的。我看见孩子康复，我能看见孩子每天起居正常、睡眠安稳，他如睡在天与地的保护之中一般安宁。

所以你要从内心散发出来一种祈祷，呼救比你更高的力量来守护孩子。要相信上天有好生之德。孩子的力量，从表面来讲，是你的社会资源、你的知见、你能够给孩子提供的高度撑起来的；如果是从生命的角度，孩子是靠母亲的祈祷撑起来的。

父母不懂得教育的真谛，就会每天逼孩子，想要教育好孩子，就要自己付出代价。你今天能付的代价是期待、祈祷、学习、提高自己的认知。

你从现在开始做祈祷，三个月就会有结果。每一天心存正念地祈祷。

受苦的生命，最终会成为鼓舞别人生命的榜样。你受过的苦，都是你未来的天赋。

世间本来没有对错，只是看你如何看待而已，如果你很认同，那么听话照做，如果你不认同，别急着“对抗”，把想法留在“收纳盒”里，等待时间的洗礼。

第二节　目的：到达生命的圆满

一个人生命的圆满，不来源于自己的努力，而来源于能量的饱满度。

父亲母亲，就是家中地位最崇高的人，我们要十分崇敬父母，这可能对你来说是一个非常高的要求。也许，你的父母并没有以你喜欢的方式来爱你；也许，你的父母曾经疏忽了你的存在；也许，你的父母曾经打骂过你。但是，他们也是第一次做父亲母亲，如果他们没有给你爱，说明他们也不曾得到过，因为没有人能给出他本来就没有的东西。

你和你父母的关系，直接影响你和孩子的关系。关系就如同管道一般，要从上到下打通。所以，你需要父母给予你能量上的祝福、支持和嘉许！你要为父母提供三个感觉：安全感、存在感、价值感。你要常常对你的妈妈说出她存在的价值，说出你对她的爱！

久了，父母的祝福自然就浇灌在你的身上，而这种祝福是当你对父母足够好的时候，祝福自然就会流向你！家族的祝福也借由父亲母亲流向你。你要向上仰望，恭敬顺服，你的生命能量才会逐渐饱满。

只有你自己是能量饱满的人，才有可能带出能量饱满的孩子，否则，在代养孩子的过程中就会因为生命能量的缺失而造成匮乏、急躁、焦虑和坏脾气，最终，孩子只能无奈地承受！因此，孩子成了一个储存负向情绪的垃圾场，你发过的脾气你以为过去了，但是真的没有。

在心理学中，有一个定论，心理受过的伤身体知道，最后，身体会以疾病的方式呈现。你有没有过这样的体会呢？在孩子很小的时候，你突然和爱人吵架或是冲孩子发了脾气，孩子晚上就发高烧了，这是他在排泄恐惧！情绪垃圾堆积太多，最终都会形成抑郁和焦虑，以及因为抑郁所引发的躯体反应，比如浑身酸痛、头痛、头晕、全身痉挛、窒息等。最终，孩子成了父母低能量的受害者。

父母想要陪伴孩子走出情绪的低谷，走出抑郁和焦虑，真正要关注的不是孩子，而是自己的能量饱满度。提升自己的能量，是陪伴孩子走向康复的最有效方法。

第三节　接受：接受孩子一切的发生，重新播种

很多抑郁症孩子的父母不承认孩子有抑郁症，当孩子做完量表以后，几乎所有的父母会拿着量表问我：“这个准吗？他就是不想学习、偷懒、逃避，他只是抗压能力太弱了，哪里是生病呢？”

当家长不正视事实，就不会正确对待，孩子的病情就会越来越严重。孩子的症状会从轻度抑郁症升为中度抑郁症，中度抑郁症升为重度抑郁症，重度抑郁症升为双相情感障碍，最后导致精神分裂。如果最终到了精神分裂，治愈的概率就非常低了。

对于孩子此时出现的各种问题，我想告诉所有的父母：播种和收获从来都不在一个季节！你现在看到孩子的这种状态就是结果，而种子早在十几年前就播种下去了，结果一旦形成，就无法扭转，这是一个痛心的事情！

但是，好消息是：你可以重新播种。同时，你也不能着急。我们的康复系统就是带领和陪伴每一位爸爸妈妈重新种下美好的种子。接下来你们要做的就是静待种子破土而出，开花结果。

这一切必定不是一日之功，而是需要经过时间的洗礼方可实现。

作为孩子的最大依靠和支撑，此时你要做的就是完成一个生命极大的功课：不念过往，不惧将来！这八个字的功课非常难，但是你必须得做到。“不念过往”，是对自己不要自责，知道错了但是不要沉浸在自责中；“不惧将来”，是你要相信孩子的生命本来就是奇迹！你不用恐惧他将来怎么样，把握好当下足矣。“不念过往，不惧将来”，接受今天这个结果。

孩子现在已经形成抑郁症了，你能做什么呢？

你只能是接受，不管你是主动接受，还是被动接受。我知道这个过程非常痛苦，这将撞击到你的内心。如果你难过，哭也没有关系，因为一个人最难的是接受的过程。当你接受以后，我会告诉你怎么办。积极地面对这件事情才是每个人应持有的态度。

做错事情不可怕，可怕的是不敢面对结果。对于孩子当前的状况，不推卸责任，积极勇敢地面对错误是当前每一个家长应该做的事情。

每一个孩子都是爱妈妈、爱爸爸的，可是我们竟然把关系相处到跟他那么决裂，让孩子很难过、很绝望、很痛苦，父母不明白自己到底是怎么了，孩子到底是怎么了，由此就产生了对立：父母跟孩子对立，孩子跟父母也对立。

事实上，你能够接受孩子一切的发生，你与孩子的关系就会转化。

第四节　根源：为什么孩子生病要父母来学习

一个孩子出现的所有痛苦，是从他没有办法跟他的世界相处开始的。

每个人的生命中都有三种关系，第一种关系是人与自然的关系，第二种关系是人与人的关系，第三种关系是人与自己的关系。但是你们有没有发现，从我们住到楼房以后，人与自然的关系就被切断了，反而不如农村的孩子与自然的关系更好，有一些孩子还下地干活，其实这个反而是在跟自然相连接。

但是现在的孩子们是从这个房子里被挪到那个房子里，所以人与自然的关系全部被切断了。我们的孩子几乎不会去草地上面打个滚，因为家长觉得草地脏；孩子也不会去晒太阳，因为很多家长怕孩子晒黑；下雨了，更不让孩子出门，也不会引导孩子来听一听雨的声音。

一个人只要跟自然连接不好，就没有能量的获取源。而家长因为工作繁忙，能量消耗太多，早就跟自然断开了连接，也就是跟天地、跟大自然全部断开了连接，整个家庭中父亲母亲就进入了低频、低能量，然后人就会焦虑。所以 21 世纪焦虑、失眠、抑郁十分普遍。

虽然我们说治疗青少年抑郁症，但是我们真正去觉察一下会发现，在孩子得抑郁症之前，自己也会焦虑、烦躁、情绪不能自控、发脾气。在心理学上面，一个人在发脾气的时候，其实是他内心无助和孤立无援，也没有方法对一件事情做出正确处理。

孩子的抑郁来源于一个不安的环境。在一个家庭中，母亲为“坤”，“坤”代表地。母亲流泪，这是水，母亲发脾气，这是风。如果母亲每天流泪和发脾气，这叫风雨飘摇，母亲动怒，这叫震。父亲为“乾”，“乾”代表天。父亲明明健在，可是他忙于工作，疏于对孩子的陪伴，这个家就失去了父亲的能量和存在感，所以家就像房子没有天花板。可以想象这个家有多么可怕，在没有屋顶的房子里，风雨交加。在这种环境里面久了，孩子就抑郁了。

父亲母亲修正自己的行为，就是重新建立自己的家。屋顶会给予孩子安全感，地要稳定，气要和顺，让家里感觉到温暖有爱，如此便有了孩子康复的可能。孩子其实很聪明、很敏感，具有洞察力和觉知力。他清楚地知道他在不安全的环境里，我们想象一下，每天住在一个地动山摇、没有屋顶、随时会地震的房子里，他怎么能感觉到幸福呢？

他能感受到的是恐惧、不安，他能感受到的是缺乏安全感，他能感受到的是地动山摇，他能感受到的是内心无名的惊恐，如此一来，孩子就开始出现幻听、幻觉、幻想。孩子就出现抑郁，他的抑郁是代替母亲流泪，是因为母亲的心在流泪。然后孩子说，妈妈，你的眼泪我替你流。

无论你信还是不信，孩子生病，是在用生命跟你讲话，他是来唤醒父母的。

你是这个世界上最爱你孩子的人，一定是你自己，没有别人，不要指望任何人爱你的孩子多过于你。

作为父亲母亲，你需要有觉醒和觉知，修正好自己的行为。如果你是父亲，你要成为天；如果你是母亲，你要成为地。这才是乾坤之道，阴阳之道。作为父亲，作为母亲，你要成为孩子的拯救者。

一个人的改变，需要大量的认知，从认知变成行为，才能产生结果。你今天改了一点点，可能你看不到结果。你又改了一点点，你还是没看到结果。可是，当你愿意持续去改变你过往的错误，你会发现结果在某一天就开始显化了。

所以，你必须成为那个觉醒的父母。当你觉醒了，你才有可能帮助你的孩子。

让孩子康复最好的方法，就是你成为生命的光，你要有能力和自己相处好，才能和别人在一起时很舒服、很快乐。别人因为你的存在感受到了爱，你的家就变好了。

所以说到底这是一趟生命修行，你治疗孩子的整个过程，我用四个字概括叫“生命修行”。

我们要相信一个信念：我变了，我的世界就变了。而家是一切的根源。

第五节 觉醒：如何面对孩子的抑郁症

患有抑郁症的孩子只是一群太过善良的小灵魂，他们不愿意反抗父母，所以他们从小压抑自己；他们不愿意让父母为难，所以他们为难自己；他们不愿意让父母失望，所以给了自己太大压力；他们不愿意让父母操心，所以所有的难事都自己承担。

抑郁症是人性和心理非常大的一次博弈，是一个人在对他的生活环境抗议；抑郁症是对自己受伤心灵的一种抚慰，是对自己心灵所受之伤的一种怜悯。抑郁症是一个人生命的一种自我保护机制，是最后一层防护。一旦这个防护被打破，生命将不再有任何意义！

到底是什么样的痛苦，让这些天使般的孩子选择用身体、生命去自我救赎呢？

作为父母，你是否能感受到孩子们内心的感受？如果你能感受到他们一丝的感受，孩子也不会变成现在的样子；如果你能感受孩子的痛苦，那么你会有无数个瞬间听到孩子内心的求助、对爱的呼唤；如果你能倾听孩子的心声，那么你的孩子一定不会被痛苦裹挟；如果你能让孩子感受到你的爱，那么你将是孩子最大的救赎！

有的人认为得了抑郁症的孩子，都是些矫揉造作的孩子。实际上，这个观点是错误的。我接手的个案中，那些患有抑郁症的孩子们，曾经都是最懂事、最听话、最体贴父母的孩子。他们在学业上都是“别人家的孩子”，优秀出色是他们共有的标签，还有一些孩子具有非同一般的天赋，如绘画、感知、音乐。

这些孩子有很强的感受力，他们能够感同身受父母的难过；他们能够感同身受父母的焦虑；这些孩子都深爱着自己的父母，因为爱，他们想要成为父母眼中最好的孩子；这些孩子对自己要求很高，他们不断地努力证明自己，不断地想要达成设想中的要求。可是事与愿违，孩子弱小的身躯无法承担如此高的期待，因此进入抑郁情绪中不能自拔。

这一切的根源都是出于孩子对父母的爱，他们爱自己的父母超过父母对自己的爱，他们在用自己的方式深深地爱着父母。

第六节 价值：你受过的苦，都是你未来的天赋

带给我们痛苦的不是事件本身，而是我们对这个事件的观点。

当我们面对孩子得了抑郁症这件事，如果你认为这是你生命中最大的苦难，你就只能天天活在焦虑里，但是你把这个事件转换一下，你就会发现，苦难的背后有祝福，所以卡住你的不是事件，而是观点。

看上去孩子生病确实不是一件好事，但是你把时间放长到三年，你就会看见今天所发生的事情不一定是坏事，岂不知今天孩子生病，也许是你生命觉醒最大的因素，孩子是在用生病唤醒你，从而让你走向觉醒的道路。

在醒来的这条路上，老天总是会用各种各样的方式让你醒来。如果爱无法唤醒你，那就用痛唤醒你；如果痛不能唤醒你，那就用更痛让你醒来；如果更痛还是不能唤醒你，那就用失去唤醒你；如果失去还不能唤醒你，那就用毁灭来唤醒你，直到你醒来。

曾经在我的疗愈过程当中，我经常跟父母说一句话："等再过一两年你就会发现，今天孩子生病是一件好事。"当时所有的

学员都不理解，但是等过了一两年以后真的发现孩子的生病对于整个家庭来说是一件好事，因为透过孩子生病父母开始觉醒，开始学习，开始改变自己的行为，开始学习为人父母，从而他们开始有了正确的行为，开始用爱经营家庭。

以前有一个跟我学习的爸爸，当时女儿生病住院两个月病情没有好转，这位爸爸也患上了重度焦虑症，妈妈也每天在痛苦中无法自拔，当他们来找到我的时候，跟我讲孩子已经双向情感障碍。他们认为整个家就快毁于一旦，我却对他们说，请把今天的苦难当成是化了妆的祝福，苦难的背后一定有礼物，我们先来学习改变自己吧。

结果爸爸妈妈认真地学习，最终才发现原来自己做父母犯了那么多的错，原来自己并不会做爸爸妈妈，同时作为丈夫也没有照顾好妻子的情绪，所以他们通过学习，孩子康复了，他们所收获的不仅仅是孩子康复，同时也收获到了和谐的关系，两个人开始变得非常甜蜜幸福，而这样的案例在我们的学习群体当中比比皆是，所以当你看到孩子生病时，就换一个角度想：在孩子生病这件事上我们可以收获什么呢？

每件事的发生都有其意义，所以这件事情的发生一定是好事，背后一定有一个礼物。在我的家乡有一句俗语说：“如果你走路不小心摔倒了，那么请不要着急起来，你可以看看周边有什么你可以捡起来的宝物。”我觉得这句话当中蕴涵着深厚的智慧，在人生不同的阶段，你可能有跌倒的时候，但是不要为此而感到懊恼，着急地站起来，先看看在这个事件当中你可以收获什么。

磨炼的过程是打磨心性，让你成为更好的自己。

第七节　放下：父母放下病耻感，孩子才能从黑暗走向阳光

很多妈妈在孩子治疗抑郁症的这件事情上，在医院住院花了十几万，都不会去保险公司报销，不报销的原因是不想在孩子未来的人生当中被人发现他曾经有过抑郁症病史。孩子生病了，这只是他在一个生命阶段跌入了谷底，他只是需要休息而已。

从另外一个角度看，孩子的这一段经历也许是他生命的财富。

我想跟所有的父母说，孩子生病的这段经历是可以在太阳之下讲给任何人听的，谁的身体没有生过病呢？谁没有经历过情绪不好的时刻呢？我们要允许孩子情绪跌落过低谷，允许孩子曾经在深夜痛哭。曾经有一位哲人说："没有在深夜痛哭过的人不足以谈人生。"孩子只不过是在深夜里哭过而已，他必定能走出黑夜。

所以，你到底在害怕什么？

孩子有了抑郁症，你一定要穿越一个生命课题，如果不穿

越，孩子只能待在拉上窗帘的屋子里，他一定会社恐。如果孩子得了抑郁症，你害怕被别人知道，孩子是没有办法从黑暗走向阳光的。因为他的生命是不被支持的，因为他的生命已经在害怕和恐惧里面，他已经被他的父亲母亲的恐惧投射了。

孩子生病这件事情，父母害怕被别人知道，其实在你心里面有几个词：隐瞒、隐藏、羞愧、羞耻、不能见人。孩子会为了体恤你的恐惧而把自己隐藏起来、不出门、不与人交流。我们不要用躺平之类的词来形容孩子，孩子只是需要休息一段时间。音乐里面有一个符号叫休止符，休止符会让演奏者有停顿，再去弹奏。一个人敢让自己休息是非常需要勇气的，人生也需要休止符。

我有一段时间让自己休息，每天只做几件事，看书、喝茶、发呆，外人看上去我好像很闲散，什么都没有做，岂不知我是在积蓄能量，准备好能量再出发，这叫“蓄势待发，潜龙勿用”。我工作一段时间，都会给自己一段时间休息，生命这么长，要张弛有度。所以孩子今天生病也是要表达休息的一种方式，我们应该允许他的生命有一个休止符。

孩子也是一样，如果孩子压力太大，请允许孩子休息！不要觉得休学是一件非常不好的事情，孩子只是在生命漫长的道路当中拿出了一年或两年的时间选择让自己暂停，做他以前想做的那件事情。我们要接受孩子休学，接受他的休息。如果有人问你的孩子为什么不上学？标准答案是：“我认为孩子在之前上学的过程当中压力很大，我觉得他很累，我希望孩子能够在家里休息一段时间，用这一两年休息的时间做他自己真正想做的事情。”

患抑郁症的人，往往是爱这个世界，他往往具有体贴之心，爱着身边所有的人，只是忘了爱自己而已。

患抑郁症的人几乎天赋异禀，患抑郁症的人基本上都非常优秀。因为优秀，他就对自己的要求特别高，越是高要求，越难达到。

过分的天赋异禀，最终却被愚昧的父母不断地压抑，造成心理抑郁。调皮捣蛋、不体贴父母的孩子，不会得抑郁症，因为他很早就已经把不舒服全部丢给你了。只有特别懂事、特别爱父母的孩子，他所有的委屈都自己承担了，所以他就抑郁了。

对于这样一个聪明可爱、天赋异禀的孩子，因为他这些特质，他的情绪出现了低谷和黑暗，这就是他生命的至暗时刻。我希望所有的父母对孩子说：“孩子，身患抑郁症，这没什么，最终都能康复，我们愿意用心、用爱陪伴你走过这一段生命的低谷，抑郁症只是你的一段人生经历，这段经历会让你蝶变新生。”

第八节　共力：用团体共学托起孩子康复

孩子的康复，需要家长用共学的力量来托起。

因为当你进入我们的共学团体里面，你就会开始跟身边的人有连接。当你跟身边的人有连接的时候，他们的成长会带动你的成长，这是最有意义的。

人在同一个团体动能里，有磁场的共振、同样的振频。孩子今天没有康复，其实是你内心根本还没有做好准备康复。所以，我们要以集体的形式学习，以集体的共力一起放大能量。这就是为什么所有的信仰都有聚会，这个“会”其实就是交集的意思。

人与人相聚的时候，是生命与生命交集，就有了影响，生命就会影响生命。你会发现在群体里面，不仅是我在影响你们，还有过往已经康复的家人们也在影响你们。

我关注的是整个团体动能的上升：上升时间、上升速度和所能上升的高度。每一个人都拿了一个几乎同样的故事剧本，不要让它再影响你了，要跳开你的故事剧本，然后进入新的生命状态，去学习新的认知。不要再固执于使用你过往对孩子的教育方式，这已经明明白白出了很大的问题。

接下来你所需要做的就是认真学习，信任过程，过程足够精彩，结果水到渠成，奇迹就在你的孩子身上发生。对于孩子内心的受伤、痛苦、压抑，以至于到最后抑郁，我们必须有全然的责任者心态，孩子所发生的一切是我造成的，是我影响到了他，我们的生命中最悲哀的事情，就是把所有的苛责、要求全部给了自己最亲的人，而把更多的理解和宽容给了陌生人。

你有感受过你最亲的人的心声吗？他们的心也是柔软的，也是容易受伤的，当你把坏情绪给他们的时候，孩子正在跟你说“妈妈，我需要你爱我、拥抱我”，然而你却没有听到这样的心声，你没有感受到孩子内心的痛，直到有一天，你发现孩子抑郁了，于是痛彻心扉，彻夜难眠，甚至连哭都不知道去跟谁哭。就在你绝望的时候，我想告诉你，你现在唯一能做的就是竭尽全力地学习，让自己成为一个好妈妈。

在孩子康复的路上，你所付出的学习代价是最值得的，最终换来的是孩子的康复，你的身边也会有陪伴你走过难关的战友，他们曾经经历了和你同样的苦难，走过同样的历程，他们会给你鼓舞，用欣赏的眼睛看见你的成长。最终你会发现你成长了，你的孩子也康复了，这是我们相遇的目的。

第九节　焦虑：克服焦虑，你需要乘坐情境列车

当前社会环境下，孩子很容易焦虑，因为考不好面对老师和家长焦虑，对父母焦虑，对老师焦虑，对同学焦虑。

孩子成长时也出现各种各样的焦虑：幼儿期分离焦虑，黏妈妈，和妈妈分开会有焦虑；婴儿期恐惧陌生人的焦虑，见到陌生人会哭闹；小学期现实危险的恐惧焦虑，感到成绩的压力，与同学相处的压力；初中期社会认同度、敏感度的焦虑，高中期身份认同的焦虑，特别在乎别人是否认同他。

我们要认真对待焦虑，因为焦虑是大脑的一种功能障碍。在孩子幼小期父母就应该干预孩子的焦虑，越早时越要学习如何打破焦虑和恐惧。焦虑来源于恐惧，孩子的焦虑更多是被父母传递的。因为我们极度恐惧孩子的未来，总是在担忧孩子未来会从事什么样的工作，又该如何面对他自己的人生。

这些思想投射出来的行为就会：不断地要求孩子好好学习，不断地对孩子说负向的语言和对未来恐惧的语言。最后呈现出来的结果就是：孩子对未来形成负向的信念系统。没有任何一个人喜欢被别人恐吓。孩子不愿意每天听到父母恐吓的语言：

你未来怎么办？焦虑和对未来的不确定性成为孩子和父母之间相处的鸿沟。

当父母恐惧孩子的未来时，就不能感受到孩子要跟你表达什么，不能明白孩子的心声，也就是无法和孩子建立感情的连接。为什么会发生这样的状况？其根源是父母对此时的自己不满意、不确定，把孩子看得比我们弱，恐惧他们的未来，由此与孩子不停地产生摩擦，这样我们的生活会陷入对未来的恐惧中，不能享受当下美好的亲密关系。焦虑和恐惧不断在父母的世界重复时，我们无法做到自洽，更不可能做到与孩子连接。

我们如何帮助孩子克服焦虑呢？克服焦虑的方法是：情境列车（头脑列车）。

1.我们要明白所有的焦虑都是想出来的，一个事件我们通常会有两种描述，一个是积极的、喜悦的、正向的，另一个是焦虑的、不开心的、负向的。不要给孩子不好的暗示，这会影响他一生的行为，负向的语言会使孩子焦虑。所以，从今天开始对孩子只说积极正面的语言，积极正面的语言是让孩子远离焦虑的根源。父母对孩子的语言暗示会成为他的吸引力法则。

2.和孩子进行风险分析。列举事件的风险，带着“全无理论”去看待这个风险。不要去想不好的部分，只想好的部分。只做当下可以做的，不去想未来发生的。认真分析风险，进行风险评估，实际上风险往往比你想的要小很多，不要想不好的事情发生了会有多可怕。而是换个角度：这种事情根本不会发生在我身上呀！做到心理上的隔绝：对于既定的负面事件在自己身上不会发生！

3.要分清想法和可能性的区别。同一个事件，想法可能是很不好的，但是现实会很好。很多人不愿意做一些事情，就是觉得可能不太好（想法上），实际现实不等于想法。焦虑是对未来焦虑，你对未来某一个事件焦虑，未来它很可能会发生。在当下每一个事件里感受快乐，不去焦虑未来，未来就不会发生不美好。

当你的内在不快乐，你的磁场是忧伤的，你没有办法给自己快乐，也没有办法带给别人快乐。该如何管理情绪呢？你可以先追踪你的情绪，先观察，认识你自己。情绪追踪写过10次，就能摸清楚你自己的模式，具体方法如下：

1.引起情绪问题是什么事件？记录触发情绪崩溃的事件是什么。例如孩子不洗澡、孩子不运动、孩子不下楼等。

2.自身的反应是什么？觉察自己的行为是什么？例如摔东西、踢东西、打孩子等。

3.觉察自己的身体反应是什么？比如头疼、头晕、心悸、颤抖……

4.觉察自己的心理反应是什么？例如生气、发火、发狂、愤怒……

5.记录情绪发泄对象的行为是什么（回应）？比如是生气、是不说话、是开门跑了……

6.后续情况是什么样的？情绪过后，你自己的感觉是什么样的？是内疚、生气？是否惭愧、后悔？

7.情绪过后，你的发泄对象是什么感觉？比如难受，或者情绪如何？

8.事后平静下来做评估。当记录10次之后，你会开始对自己的情绪模式有觉察，所以，你有情绪的时候可以不说话，等情绪过了再带领孩子剖析问题，找到解决方法。只要进入这个点，情绪就开始被疗愈了。

第十节　学习：让孩子走向康复之路

当孩子得了抑郁症，爸爸妈妈完全不知道孩子心里生病了，一次又一次地逼孩子做他不愿意做的事，心理生病是无形的，如果你没有这样的意识，就要学习如何帮助孩子康复。

这些年我们治愈了上千个存在心理疾病的孩子，发现父母如果在这时不愿意自我成长，最后都是无解，但凡家长开始学习，认识到孩子的问题原来是自己和家庭的教育方式出现问题，愿意自我成长，孩子最后的情况都能够康复。所以我们具体该怎么做呢？

通过学习，用正确的认知去覆盖错误的认知。

只有建立起正确的认知，才能改变行为，才能改变与孩子的错误相处模式，而父母的改变就是孩子幸福的开始。其实父母不是不爱孩子，而是因为没有正确的认知。

当你一旦没有认知的时候，你所有的行为都是错的，致使你和孩子之间隔着千山万水。想要翻越这些障碍，只能通过认真努力地学习，在每一个学习的过程当中改变，汇集这些点滴的改变，一点点消融彼此之间的万丈冰山。

有些人的人生往往是本末倒置的，重要的事情没做，做的都是不重要的事情。从小培养孩子培养的是他的基础生存能力，接着培养他强大的心力、与人的相处能力。孩子从小感受到爱，他长大才会爱别人。这些本该是父母教育孩子的核心，可是当前的社会现状是，大多数父母自己都被社会、被时代裹挟前进，对成绩焦虑，对孩子未来恐惧，成为压垮孩子的罪魁祸首。

只有通过学习提升父母自己的能力，才能阐释出真正的教育。实际上，教育的本真是父母做好自己，与孩子形成良好的关系。父母教育孩子，是一个生命影响另一个生命的过程，是一盏心灯点亮另一盏心灯的过程。教育的本质是要唤醒每个人本身具足的善良、智慧、美德和爱！

可很多妈妈总是觉得自己说的孩子不听，“己所不欲，勿施于人。”你没有的能力，请你不要要求孩子做到。曾经有一位妈妈说：“一位妈妈如果你不把孩子小学的所有课，在某一个网址都学一遍，你没学会的话，凭什么要求孩子去学会呢，你如果小学英语都不会，你凭什么要求孩子要学会呢？”你做到了，才有力量说出来，他才会听。

孩子不听话的原因就是家长言不由衷，知行不合一，或者家长双向标尺，要求自己是一套，要求孩子是一套。我们最好要求自己是严格的，要求孩子的那套是略松的，最怕就是要求孩子的那套最严格，要求自己那套非常松。

想要孩子未来成为什么样子，只有通过学习让你自己先变成那个样子，这才是正道。学习吧！从此刻开始，成为智慧的父母。我真诚地邀请你，认真学习“九大心法”，这是把孩子培养成一个心理健康者的基础。

只有把知识、观念转化成行为，生命才能发生变化。把对孩子的期待变成对自己的期待，好好学习，好好提高自己。我们能做到的，孩子一定能做到！父母在孩子面前是透明的，所有的焦虑担忧无处遁形，孩子都能感知到。

孩子7岁之前会替父母担负痛苦的情绪、焦虑的情绪。最好的教育是父母活成最好的自己，让孩子看见。孩子的未来就是今天，今天即是未来。不要去期许孩子的未来，而是今天就把快乐和幸福带给他。孩子今天感觉幸福快乐，未来他就会延续这种幸福快乐。如果孩子今天感觉焦虑、抑郁、痛苦，未来他也会延续这种感受。

第十一节　教育：教育的本质

你怎样对待你的父母，你的孩子未来就怎么对待你，这是定律，也是规律，所以我们把更多的爱倾注给父母，只要父母还健在，就把父母当成孩子宠爱。我们要对父母给予我们的一切心怀感恩。

你跟母亲的连接，就是你生命阴性能量的连接，就是你跟母系家族能量的连接，这种连接可以带给你阴柔的力量，带给你承载的力量，带给你宽恕的力量，带给你温柔的力量。这种阴性的力量不是无力，而是非常有力量。

越是外表感觉很温柔的人，内在越是阳刚的力量，这种力量叫韧性，柔韧的力量，这种力量是母亲带给你的。你跟母亲关系越好，你内在的这股力量越能升起来，你对生命内在的力量就更加笃定。

你跟母亲的关系越好，你和下一代的关系就越亲密。一个冲撞父亲母亲的人，与下一代的关系大多是不亲密的。可我们这一代人把太多的心思放在孩子身上了，而没放在老人身上，就会出问题。你无限地把对子女的爱，全然投注入父母的身上，尽量少关注孩子，他有能力管理好自己。

你要对父母恭敬、顺服，用心在父母身上，慈悲地看到他们生活的不容易，慈悲地看到他们在他们父母那里缺乏爱的那部分，慈悲地看到他们的时代对物质的缺乏，要把尽可能多的物质供养给父母，你如果有钱，要多拿一点钱花到父母身上。

很多人没有参透教育的根本，一个人很孝顺父母，孩子就会变得特别孝顺你。你不需要要求他，也不需要控制他，你要把你所有的专注力，尽可能多地给到父母。

最美好的教育是创造美好的环境，提供适宜的养分，让孩子茁壮成长。父母是土壤，孩子是种子。上行下效，使之为善。“天下无不是的父母”是用来向上疗愈的，适用于自己与父母之间的关系，但不适用于我们与孩子之间的关系。我们对待自己的孩子要时刻去看哪里是错的，因为与孩子之间的问题都是父母的问题。

真正的教育不是教育孩子，而是教育自己。因为孩子总在暗处默默观察并模仿父母，所以最终都会像你。你此时此刻做什么，你的孩子也会做什么。父母不经意间的语言和行为时刻都在影响着孩子。良好的教育是给孩子种下美好的种子。妈妈口出“恩言”，不断说好听的话，为孩子种下美好的种子。教育孩子的过程是闻、思、修的过程，是父母看见、听见，然后修其自身。

最后，与你分享纪伯伦的《致我们终将远离的子女》，与你共勉。

孩子其实并不是你们的孩子。

他们是生命对自身渴求的儿女。

他们借你们而生，却并非从你们而来。

尽管他们与你们同在，却并不属于你们。

你们可以把你们的爱给予他们，却不能给予思想，因为他们有自己的思想。

你们可以庇护他们的身体，但不是他们的灵魂。

因为他们的灵魂栖息于明日之屋，那是你们在梦中也无法造访的地方。

你们可以努力地造就他们，但是，不可企图让他们像你。

因为生命无法倒流，也不会滞留于昨日。

你们是弓，而你们的孩子就像从弦上向前射出的生命之箭。

那射者瞄准无限之旅上的目标，用力将你弯曲——拉满弓，以使手中的箭射得又快又远。

应为射箭者所造就的一切而欣喜；

因为他既爱飞驰的箭，也爱手中握着的、稳健的弓。

中篇

改变身份，成为觉醒者

第二章 Chapter 02

内观自己，获取力量

第一节　桥梁：我错了

“我错了”不是为了引发你的自责和内疚，而是为了打通你与孩子之间沟通的桥梁。“我错了”是由心发出来的一种能量，是忏悔，也是反思。“我错了”，是借由这一刻让你开始变得柔软的最具象、最简单的方法，是让你的生命开始有一份低头的可能。

开始说“我错了”的时候，你会发现你的生命当中很多黑暗的部分就会被清理掉，固执的部分被清理掉，孩子只有知道你真心道歉的时候，他的内心才开始原谅你。这是对孩子内心的伤痛做了一次疗愈。

打卡“我错了”，是你的需要，不是孩子的需要。切记不可以说我都道歉了，你还不改变？要改变的是你自己，不是孩子，切记不要在学习打卡的时候对孩子有要求，就是我今天都改变了，我已经知道我错了，我已经在改了，那你就要有所变化。道歉是你的事，孩子原不原谅你可以自由做选择。而不是你道歉，孩子就要原谅，你不能裹挟孩子原谅你。

“我错了”内在的意义非常深厚，对心灵的打通，都极其重要。生命的修行有三个过程，叫闻、思、修。

闻，就是听闻，你听到了这个认知，你听到了这句话，你听到了这个观点，你听到了这个思想，是闻。

思，是你开始思考，你开始思考我要做吗？我为什么要这样做呢？我要做到什么程度呢？

当你思考之后，开始行动的时候，叫修，修的过程，就是修正自己过往错误的行为，就是让你自己能够回归到正确的轨道和正确的事物上面来。

所以透过闻、思、修，我们要极致诚意，竭尽全力地去帮助孩子康复。因为我们要明白，孩子生病了，抑郁了，这个结果是家庭环境造成的，所以要求爸爸和妈妈共同努力学习，在一个家庭当中共同做改变，让孩子在好的土壤环境当中慢慢地生长和生发，它自动就会变好的。

孩子抑郁症的来源，绝大部分是因为在家庭当中被压抑、被指责、被打骂，过分的情绪垃圾的堆积而所造成的。父母把痛苦的回忆、怨气、埋怨，对抗的事情放在了孩子的心坎上了，虽然孩子不提，但他用生病来告诉我们他已经很痛苦。

伤害需要被爱化解，它不会自动消失。伤痛需要被清理，它不会自动消失。今天所有的家长们，你们要学会爱，用爱的力量去清理掉孩子内心所有的伤害、伤痛。记住，这些伤害和伤痛是你给孩子造成的，是爸爸妈妈的不当行为造成的。

上天给予了你最优秀的孩子，但是你没有认真地去跟他在一起。因为我们不知道，我们都是第一次做妈妈、做爸爸，我们真的不知道应该如何正确地对待他。但是今天我们已经开始意识到，已经开始知道我们开始如何正确对待他的时候，我们要做一件事情，这件事情就是对于过往之错，我全然接受，不自责。

第一，极致诚意地说“我错了”，每天想出孩子的样子说100遍“我错了”。

说“我错了”，这是你对自我生命的内在忏悔，也是对孩子生命的忏悔。这个忏悔将带给你极大的帮助，比你想象的要大。

这是化解开你和孩子所有隔阂的深渊的第一步，它就像是一个深渊之上架出来的一个木板的桥梁，你可以慢慢地进入孩子的世界。这一步的打卡，如果打不好，桥梁就架不起来，生命就没有办法连接，你们就没有办法完成接下来的沟通，所以“我错了”的打开至关重要。

第二，每天回忆一件具体给孩子造成伤害的事情进行描写，极致诚意地跟你的孩子进行一次对话，给孩子道歉。

孩子要的就是你看见他。所以不要等到孩子申诉这件事情，不要等到孩子跟你有隔阂，自己要主动地跟孩子说“我觉得在哪一件事情上我有错”。请放下爸爸妈妈的权威，放下这个权威，你要做的是你对生命平等的照见、看见和守护，为了不辜负这个生命对你的选择，所以守护这个生命开始说“我错了”。

第三，把道歉信写在漂亮的信纸上每天一封放在孩子的床头上，不要用手机发给他。

人生第一次的体验最为贵重，每天要极致诚意地花大量时间写这一封信，我们持续地写，先写我错了，接着表达爱，再赞叹生命。你持续地跟孩子用一封书信去做沟通，记住，请不要急功近利，只要你持续做就好。

一个人触动另一个人的心弦，他是点点滴滴的触动，一个人的心不是被斧头劈开的，它不会快，但是水滴石穿的力量才能触动人的心弦。就是这样，认真地去触动他，直到有一天，你就会发现，孩子在潜移默化当中改变了。而在这里，我请求所有的家长把眼睛放于发现奇迹上。

坚持做“我错了”的练习，会带来哪些奇迹呢？

第一，父母的蜕变：学习是令每一个父母从愚钝变智慧的过程，你开始变得知错能改，你开始变得能够跟外在的世界连接，你开始变得没有那么以自我为中心了。

第二，孩子的变化：孩子没那么硬刚了，变得柔软了，慢慢地变得平和了。

最后，你收获的不仅仅是孩子的康复，更重要的收获是你和孩子的关系，从生疏变得亲密，从刚硬变得柔软，从对事物、对世界的零认识到开始开拓认识天、地、人、法之间的关系让生命充满可能。生命的光透出来了，生命内在的那份柔软、爱、慈悲被透出来了，所以每一个人都会变得比今天更好。

冥·想·练·习

现在让我们进入一个观想：

1.找一个位置坐下来，请调整自己的坐姿，深呼吸；

2.回归到你的内在，请闭上眼睛，你现在可以看到你生命之中最重要的人，你的孩子，同时也看见你的爱人，然后对他们说，我错了，我错了，我错了……

3.深呼吸，我错了，我错了，我错了，然后就跟自己的内心在一起，你现在开始用你的手抱抱你自己，然后就对自己说，我很勇敢地站出来承担，赞叹自己的勇敢，对自己说声“谢谢”；

4.然后我们慢慢地回来，无论刚才情绪是怎样的，现在都回归自身。

第二节　原则：生命遵循的四个法则

原生家族关系的背后有其隐藏的规律，这些规律是天然的、亘古不变的，就像太阳永远都会从东边升起，西边落下一样。

如道家老子所说的：“人法地、地法天、天法道、道法自然。”这些法则背后的运作力量，乃是自然大道的力量融入爱、融入生活的真实体现。

这些原则为整体服务，它不是哪个人创造、哪个人发明的，它是大自然的运行规律。这里有四个法则：

第一个法则就是整体法则，整体法则是一个有机的整体，整个家族也是一个系统，所有的家族成员都要被承认，整体法则决定了我们的生命。我们要把整体法则的思想深耕在我们的世界里面，我们要看见整体法则的秩序，我们承认家庭里的所有成员，承认家族里的所有成员。

第二个法则是序位法则，序位法则正如日月星辰，各居其所。首先我们要理解序位是值得被尊重的，我们要尊重每一个序位，这种序位我们不可去打乱它。

第三个法则是平衡法则，万事万物都要平衡，希望平衡，我们走路的时候是平衡的，春生夏长，秋收冬藏，四季轮回也是平衡的，人与人之间的互动也是需要平衡的。所以，所有的关系当中有了平衡的法则，将进入更深的理解或者使生命充盈。

第四个法则是流动法则，我们的每个生命都是流动的，都是发射和吸收器，都在流动状态中，心理学家荣格也提到集体潜意识，就是你跟我之间的内心都是在交换的，都是在流动的。

四大关系法则，也正是生命的法则，它截取了前人智慧的精华。关系法则不是他人强加上去的东西，它是我们内在的本性，因此必须从内在去觉察它，从生活去领悟并实践它，它才会成为我们真正的力量，才会成为我们的智慧。

如果我们能够将觉知带入爱中，这些关系法则自然会在我们的生活里实践，此时我们就是爱，爱就是我们——这便是“与道同行”。

第三节 利他：宇宙的法则是付出

有时候，我们哀叹为什么受伤的总是我，为什么所有人都比我好？为什么我的孩子会这样？为什么我过得这么苦？

你自己愁苦，你就很难陪伴孩子走向幸福。愁苦就只能吸引来愁苦的能量，你之所以愁苦，是因为你陷于自己的小我，小我的能量处于弱者状态。

虽然孩子抑郁症很严重，可是你需要先关注你生命里面积极的事情，幸福是制造出来的，自己都不开心，孩子怎么可能开心。你永远给不出你没有的东西，你自己都是一个不幸福的人、愁苦的人、满脸愁容的人，你就没办法给予孩子幸福。

所以，你先要让你成为一个幸福的人，你才能把幸福给孩子。你这么愁苦，你的孩子都不敢开心，因为开心就是背叛。

具体该怎么做，才能幸福呢？

先让自己有笑容，后让自己有高兴的事情，这是正确的顺序。而不要把自己的生命全部陷入于愁苦，愁苦本不该属于你，是你的错误认知吸引了愁苦的到来，你本来就不需要经历愁苦，你今天所有的愁苦都是你的错误认知搭建起来的。

而让你幸福的能力和能量都是行动过程中练就的。世间最大的美好是付出，但太多的人只知索取。其实，付出的能量更大，输出才能输入，付出就是输出，给予能量的地方才会有能量流进来。

生命给予多少，就获得多少，你要关注你做了多少，还要建立一个生命的宏愿：首先自己学好，疗愈自己的孩子，其次帮助更多人去疗愈更多的孩子，帮助别人的能量提升是非常有意义的。“穷则独善其身，达则兼济天下”，能量也是如此。

我们需要一种正向的生命能量，拥有“我要活出来”的志向。我希望抑郁症患者的家长透过做一些事情，发生生命的质变，不要停在那里，停在那里是不行的，你要让你的生命闪耀出来。你一旦开始闪耀，开始发光，光照见的地方就没有黑暗。

第四节 整合：你可以好，也可以坏

我们读书的时候父母可以接受孩子在学习上的任何状态，很多人考不上高中都没关系，能养活自己就好。父母辅导不了功课，他们心态一个比一个坦然。我们这一代人成为父母后，却很难接受自己的孩子考不上大学的结果。

比起我们的父母，我们这一代人对教育有一种无法掩饰的焦虑，捂住嘴巴焦虑也会从眼睛里跑出来，这种焦虑藏在我们陪写作业的怒气中，藏在我们拿到试卷的失望中，藏在我们看待孩子时挑剔的眼神中，最终变成无形的压力，压在孩子稚嫩的肩膀上。

孩子压力太大，就很容易厌学。很多家长找到咨询师，发觉厌学孩子的心理已经崩溃了，孩子甚至处在生死问题上，不再是学业问题上。但在最初的时候，家长都会觉得这是个简单的问题，觉得孩子好好的怎么就不去读书了。

因为孩子的感受你感受不到，当我们作为孩子的时候，思维没这么发达和完善，所以我们有很多痛苦是非常直接的。长大了之后我们就把自己的情感体验隔离了，变成了一些符号化的思考，你只是记得这些事情，但是这些体验都忘了，所以当你面对自己的孩子的时候，你不能跟孩子进行体验层面的沟通，就感受不到孩子内心的痛苦。

这时，你一定要向孩子表达歉意“真的很抱歉，是我伤害了你”，这是一个非常重要的部分。孩子会对父母表达他们那些真实的不满，甚至有很强的恨意，这个关系就变得非常有张力，要走向破裂了。

但是，如果妈妈经过长时间致歉的努力，孩子逐渐会变得越来越好。妈妈要对自己的孩子表达同样的观点：真是对不起，过去我真的不知道怎么养孩子，而且很多时候我只是延续了我的父母对待我的方式，把不满宣泄在你的身上。但是到了现在，我终于明白什么叫作好的关系，什么叫作情感。

当父母意识到自己对孩子的伤害，并能够诚心诚意地对孩子道歉，对孩子会是一个非常重大的解脱。当你发现孩子对你表达不满的时候，你也由衷地希望和孩子改善关系，当恨在关系中真实存在，又能够表达的时候，关系中的连接就会加强。

我们不要认为为了表达爱，我们就不要去表达恨。有的孩子说，我已经很大了，甚至我是成年人了，我的父母进我的房间，他们仍然是不敲门就进来了，我想拒绝他们，但是我担心这么做父母会受到伤害，该怎么办？

这时最好坚持一个原则，叫不含敌意的坚决，也就是我非常坚决地拒绝你，但是我是没有敌意的。当父母不打招呼就进来敲你的门，这时候你觉得受到了伤害。如果你忍住了自己，你就不是真实的，因为你忽略了自己的感觉。因为你的不真实，父母一直认为他们这样错误的举动是可以的，所以你鼓励了他们这样去做，关系就出现了扭曲。

如果你坚持把感觉表达出来，你告诉了他们你的真实感受，他们就会学习和真实的你去相处，这样的话你们的关系就有可能变得更深，爱也更深。

对孩子我们也是如此，比方说很多父母要求孩子好好学习考第一名，结果等孩子考了第一，父母说不许骄傲，孩子就蒙了，你到底想让我成绩好，还是想让我成绩不好？这时父母给孩子提供了一个矛盾的信息，叫作双重束缚，意思是意识上父母跟你说希望你成绩好，但潜意识中父母说的是："我才是最厉害的，你永远都不能比我强。"

双重束缚，是1956年英国心理学家葛雷格里·贝特森提出的关于精神分裂症病因的理论（Double Bind Theory）。他认为在人们互相沟通的时候，一个人同时在交流的不同层面，向另一个人发出互相抵触的信息，而对方必须做出反应，但不论他如何反应，都会被拒绝或否认，容易使人陷入两难的境地，精神分裂的症状就是这种痛苦的表达。

很多精神疾病的病人都有被双重束缚的经历，他们在成长过程中常会有分裂的感觉，内心常处于冲突的状态，自我认识和对世界的认识也多是模糊、不清晰的，常常伴有情绪和思想的混乱。被双重束缚的孩子最难受的是无望与发狂，被撕扯着，因为无论孩子怎样反应都是错的。

所以孩子就会受到双重束缚的矛盾，他就非常难受，当双重束缚非常难的时候，你感觉你不能够在任何一个地方待着。

你既不能外向，又不能内向；你既不能考第一，也不能考倒数第一；既不能好，也不能坏，这是最有问题的心智，是“我既不可以A，也不可以-A”。分裂的心智，是“我只可以A，不可以-A”；而健康的心智，是“我既可以A，也可以-A”，这意味着整合和灵活。

“你可以好，也可以坏”这种灵活和整合的表达还远远不够，更好的表达是“你可以展开你的任何一种人性”，它们本来就是超越了“好坏”的，这也是最好的整合。当一个关系能够容纳这些部分的时候，你会发现你们不仅构建了很深的连接，有些能量会被释放出来，在这样的关系之中你也成了自己，而对方也会成就更优秀的人。

第五节　障碍：扫除康复路上的情绪障碍

虽然坏情绪可以说是诸毒之首，但是它却完全没有贴有毒药的标签，正因为坏情绪没有这些标签，它就可以合情合理地伤害你。

心理专家Louis Hay在著作《治愈你的身体》中，描绘了一张身心对应表：

腹泻，是因为对某种思想感到排斥或害怕；

耳痛，是因为对所听之事感到愤怒；

咳嗽，是因为神经过于紧张压抑；

湿疹，是因为对一些事过分敏感，受到了伤害；

贫血，是因为情绪低落……

在你的生命里面，如果是内在堆满了情绪的垃圾，它是会被发酵的。一个人内在的伤太多，伤痛没有被清理，愤怒没有被清理，情绪没有被清理，最后堆积到一定程度就是抑郁症，身体会用病症和躯体反应表现出来。

抑郁症的常见躯体反应有突然晕厥，咣当就摔倒了，感觉窒息、偏头痛、全身肌肉痛、身无力、气无力，这都是抑郁症的躯体反应。假若有人遭遇这样的躯体反应，他去医院检查，所有的报告都显示没有问题。但是，为什么那么难受呢？是因为所有的情绪垃圾都压在身上，压抑内在。

所以，你要提高内在的能量，如何提高呢？诵读经典，向上沟通。

你需要专注地去做一些能够马上提高你能量的事情，比如诵读经典。让经典来提高你的能量级别，经典的能量级别特别高，可以满足我们一辈子的精神需求，比如金刚经、道德经等。当你拿出来一本经典，去大声诵读，一个小时以后，你会发现，刚才烦乱的事情好像不见了。大声诵读经典是让你向上沟通，当你与比你拥有更高能量的人对话的时候，你就不再去关注负能量了。这是一种磁场净化的方式。

我希望每一个人都能找到自己喜欢的磁场净化方式，让自己的能量场更加纯净，让情绪更加平和。

第六节　环境：移动到更好的环境，是康复借力的“上上策”

孩子得了抑郁症，你会发现你跟他沟通非常困难。当你想跟他说话的时候，他不理你，基本上你问任何问题，孩子都说“还好、嗯、随便、嗯、无所谓”。这代表孩子内心已经结冰了，他已经开始学会了用冷漠来面对你，因为他知道他只要表达真实的自己，可能就会挨骂，甚至可能又会挨打。

那孩子用什么方法来面对你？孩子会变得沉默寡言，不太愿意和父母说话。但凡打孩子、骂孩子的父母，通常他已经无能为力了，说明他除了用这一招，没有别的方法了。

孩子抑郁症的来源，绝大部分是因为在家庭当中被压抑、被指责、被打骂，过分的情绪垃圾堆积造成的。

我们无法改变大环境，但是我们可以改变孩子的家庭环境。而面对抑郁症孩子，移动到更好的环境，是康复借力的“上上策”。如何做到呢？

第一：改变自己的环境。

从家里开始做断舍离，通过收拾物品来了解自己，整理自己内心的混沌，让人生变得舒适。而影响人幸福的根本因素在于自己的内心，一个人通过外在的整理，从而整理自己的内心，就会感受到幸福。要做断舍离，舍弃不必要的东西，才能更心无旁骛地去做自己想做的事情，从而更忠于自己的内心。

第二：提升自己的能量。

如果你感觉自己的能量很低，不妨每天为自己持续输入正能量，比如坚持运动、坚持阅读、坚持学习。如果你一个人做不到，那就考虑换个环境，因为人是环境的产物，当你换个环境接触到高能量的人，自己的状态就会变得不一样。

你要学会爱自己，才能更好地把爱传递给孩子，因为缺爱的人是给不出爱的。

第三：给孩子提供生命最好的供养。

最好的陪伴就是父母全然地接受和给予他无条件的爱。父母可以时刻给孩子足够的安全感，让孩子处处感受到你的爱、认可、包容和理解。当父母成为孩子心里最坚实的后盾时，康复也就不远了。

在陪伴抑郁症孩子康复时，父母需要以欣赏的眼光看孩子，因为欣赏的眼光是“生命最好的供养”。带着欣赏的眼光去看生命，你就会懂得天地，懂得万物，懂得道，懂得宇宙。我们应该用欣赏的眼、心、口去面对你的孩子、爱人和你所遇到的每一个人。父母时刻都要想起来孩子生命中的那份美好，看见孩子的美好，欣赏孩子生命的本然之光，欣赏生命本身的这份恩赐。

把孩子的优点铭记在于心，铭记于脑海之中，以欣赏的眼光看孩子，把欣赏到孩子的美好，用语言表达给他听。孩子会在赞许中变成你欣赏的样子。最终你会发现，你和孩子的沟通会自然而然地变得非常好，他会很喜欢你的这份欣赏的目光，孩子也会自然而然地开始重新接纳你，喜欢听你说话。

父母要保持对孩子的一种状态：每天都把孩子当成新鲜的、第一次所见的人。在此基础上对孩子保持尊重，保持持续的专注力，那么孩子一定会回馈给你意想不到的爱、专注和回应。

请你做到，在听孩子说话的时候，看着孩子的眼睛，内心不断散发出一种力量：是的，孩子，你说得真好，对，是的……此时嘴是不发出声音的，只是心里在说，目的是不打断孩子的语言。心里不断地在对孩子说：对哦，我愿意继续听，你可以继续讲，还有呢，后来呢，后来怎样了呢……嘴里没有说出语言，但是心里却在持续地这样给予回应。

最后，我相信每位父母在这样爱的能量中，持续不断地陪伴孩子，必定迎来孩子的康复和新生，迎来幸福美满的家庭，迎来幸福美好的人生！

第七节　情绪：越是生命至暗时刻，越要稳定情绪

当孩子患有抑郁症之后，你的情绪是否可以自控？你的情绪是否永远是随着孩子的情绪而高低起伏？是否孩子今天情绪好一点，你也好一点；孩子今天情绪不好，你也很不好；如果孩子今天冲你发脾气，你可能就崩溃？

通过上面的发问，你的答案是否理想呢？希望你们都可以做自我情绪的主宰者，不要被孩子的情绪牵制。但事实上，在当前的状况下，想要做到这一点很难。那么，在接下来的学习当中，我们来建立一个地基：我的情绪在我的中心。

你的内心需要建立坚强的后盾，如果你今天还看不见那个美好，你就把时间推迟到两三年后看。你需要在你的情绪中心里面设置一个心锚：我的情绪在稳定中！你需要让你这个个体是稳定的，不然的话，你家的气场将不能稳定，孩子将无法稳定，也无法康复。你需要重新设立自己的情绪系统。

如何重新设立情绪系统？

方法是：确定你今天的情绪是怎样的。比如，我确定我今

天的情绪在高频高震动的状态里，在开心喜悦的状态里。

作为父母，你当前所面对的孩子的状况，其实是你在很早以前就已经种下的一颗苦种子。而你现在能做的就是接受这个结果，但不因为这个结果而扰乱你，我们需要积极地面对这个苦果，做我们可以做的事情：现在重新设定自己的情绪系统。

你需要学会给自己重新建立一个情绪系统，让你的情绪系统处于安宁、平和当中。不要因为孩子说了什么、做了什么，或者吵了架，或者他今天情绪高涨或低沉，而受影响；或者有的时候可能孩子没有惹你，你自己就爆炸了，要不然自己就发怒了，或者自己陷入焦虑了，你的情绪要不就太高，要么就太低，等等，这些都不可以。你要做到：尽量不要让自己到这样的状态中，你要让你自己回归到宁静与平和之中，回归到你自己的情绪系统当中。这一点是至关重要的！

很多人都在受情绪的苦：一会儿悲伤，一会儿忧愁，一会儿愤怒，一会儿抑郁，一会儿焦虑，情绪每天都在忽高忽低中，或者每一天都在水火之间游走，这将会消耗掉你的能量。你去关注于自己的情绪是不是总被孩子牵制？每一次都是你的能量上升一点，然后就被这一个情绪拉下来一些。所以，你想要平稳地、持续地上升，那么你需要把情绪稳定在一个层次里面，不受外界的任何影响。

所以，真正智慧的人是："我在我的中心。"我的情绪在我的中心，我的喜悦在我的中心，我的快乐在我的中心。我在我的中心，我既不苦于未来，又不缅怀过去，我不因为孩子的情绪好而好，也不因为他的情绪坏而坏，因为我是独立的个体，我是我独立生命的个体。

控制不好自己的人都想控制孩子。一个人只要不在自己的中心，就想去侵占别人的中心，因为自己无处安放。自己的情绪不在自己的中心，就会把自己的情绪倾向于孩子。比如：一个妈妈无法控制自己的情绪，她就会把所有的情绪都倒给孩子。如果你自己的情绪是稳定的，其实你的世界就是和平安宁、稳定的感受。

一个真正有力量的人，他的情绪是不为外界所动的，这才是最佳的状态。如果你时刻都能去感知幸福、感受幸福，其实你会慢慢地脱离外界的人对你的打扰，你震频越高，负能量的事情越会远离你。只要你自己在喜悦、和平、宁静当中，其实你的能量是自然升高的。你能量高了，孩子就好了。

如果你每一天被孩子搅得愤怒、失落、惆怅，那你的能量就已经掉下来了，你已经是负能量了。你怎么影响和拉起来孩子的能量呢？方法就是：守护好你自己的情绪中心、能量中心。这是你接下来能够稳定地向前移动的力量。

今天，既然孩子已经抑郁了，请你接受这个事实。当双向情感障碍的孩子发脾气的时候，你们可能觉得发脾气、砸东西、打人不对，但是对于双向情感障碍，到了狂躁期他就是会摔东西、打人，愤怒、发脾气只是双向情感障碍的正常表现行为。

重度抑郁的孩子，他会哭，心情低落，不出门，这都是正常的。你必须接受这些事实：今天他的这些行为是正常行为。一个骨折了的人不能走路，就是正常的。所以，你不要用正常的思维去看待现在孩子的种种表现。孩子现在生病了，他所有的症状你都要接受。当你明白了孩子现在的表现是正常行为，你又何必要崩溃呢？你先保证自己不崩溃，然后一切才都会好起来。

越是生命至暗时刻，越要稳定自己的情绪。稳定的情绪是把你带离至暗时刻的唯一途径。你需要把你的情绪稳定在高能量值中，好的情绪将带领你向上移动。

控制自己的情绪是成熟的表现。成年人都很不容易，藏得住的情绪是勋章，藏不住的情绪是伤害。请不要把你的情绪散播在家里，你不能在家里做迫害者。

发脾气是自我毁灭的过程，是把自己推向深渊的行为，是把家拆散的利器，是伤害家人的撒手锏。坏情绪是破坏关系的利刃，是让对方远离你的工具。如果你今天不能做到情绪的自控，最终受伤的人是你及你的家人。管理好自己的情绪，让自己摆脱焦虑。你要远离不好的情绪，才能在好的能量之中。

怎样管理好自己的情绪呢？

第一，清理心理受伤的部分。你愤怒是因为你曾经受过伤，清理你受伤的部分。

第二，不断地给自己输入正能量。

第三，当不美好不存在。

怎么能当不美好不存在？答案就是：你的心大了，事就小了。

第三章 Chapter 03

家族动力是生命留给我们的宝藏

第一节 思维：用成人的思维看待原生家庭

有些人在应该工作的时光，只在家里面打游戏，什么都不做，事实上他是受他的原先家庭的影响，因为父母平时总喜欢控制他，希望孩子按着他们的思想成为一个有用的人，但是他最终会成为一个什么都不做的人，以此报复原生家庭，报复爸爸妈妈。

他的底层动能是：“我就是这样无能，好吧，你所有的计划都破灭了。”这就是原生家庭带给他的影响，包括很多人觉得婚姻过得很不幸福，其实都是因为原生家庭的影响。

我们该如何跳脱出来呢？

第一，你要认知你不是巨婴，不要用婴儿的受害者思维看待你的原生家庭，看待你的爸爸妈妈，你需要用成人的思维看待原生家庭。真正影响到你和孩子的关系是你与父母的关系，是原生家庭所带给你的部分，这是不可逾越的。你需要接纳原生家庭，并且回归到原生家庭的连接，这是必经的一条路，没有办法去逾越的。

就像我们盖房子，不可能从空中盖出来三层楼，你过往所发生的一切都无法改变，我们只能很勇敢地去面对，然后去接受它，否则它会一直影响到我们生命中的每一件事情，尤其是亲子关系。

原生家庭的学习以及疗愈，是整个亲子关系教育里核心中的核心。因为你会发现我们的孩子可能会有很多的问题，但事实上这些问题来源于整个原生家庭的动能，来源于我们跟原生家庭和整个家族体系里面的动能。

我们要认真地学习和疗愈与原生家庭的关系，与爸爸妈妈之间的关系，但是不能带着抱怨，我们要带着觉知去看见，生命是你自己在做主。这是你为你的生命选好的剧本，我们不用去抱怨剧本的好坏，而要去试图看见这个剧本里面有什么所需要学习的，有什么样的功课能让我们去成长，我们就进入它，接受它，完成它。

在学习的过程中，我要请你带着全然的信任，不要带有任何的评判，请你信任我，因为我清楚地看见所有的人在亲子关系里面、教育里面所有发生的问题其实都不是单纯的你与孩子之间的问题，而是与你的原生家庭，与你的爸爸妈妈甚至与你的祖先都有关系。

要看见自己的原生家庭，抚平自己在原生家庭里面的伤痛。

第二，要用成人负责任的态度和眼光来看待你现在的生命，看待你的爸爸妈妈。

海灵格曾说："不要太高估你的爸爸妈妈，他们只是一个很普通的男人和一个很普通的女人。他们相爱了，在懵懂中结婚了，又在懵懂中有了你。当他们把你生下来的那一刻，他们所有的责任就已经完成了，他们给你的就足够了，因为他们已经给了你宝贵的生命。"

不要再要求父母一定要用对的方式来爱我们，我们学习原生家庭的疗愈，只是为了看见错误的模式，从而在生命中去改变自己。我们为的是让自己去改变，而不是要求父母去改变。

我会不断地带领你去看见原生家庭的伤痛，请你不要对原生家庭有埋怨，而是要去接受。我们不能要求父母按照我们想要的样子来养育我们，因为他们也不懂如何爱你，不是因为他们不愿意给你爱，而是因为在他们小时候也没有得到过无条件的爱，所以他们没有办法给你。

更重要的是，切不可认为自己做得比爸爸妈妈好，因为你会发现如果你不疗愈原生家庭的部分，其实你正在按爸爸妈妈对你的所有方式和模型直接对待你的孩子。一个男孩从小爸爸很暴力，会常常喝醉酒以后打他，他会发现他做爸爸了以后，他的孩子并没有什么错，但是那种暴力的影像经常会在他的大脑中出现，他也会用同样的方式去对待自己的孩子，这就是在原生家庭当中还没有疗愈好的伤痛，会折射并转嫁于跟下一代的关系。

所有亲子关系方面的问题，都是原生家庭延续下来的，是祖先一代一代这样延续下来的，所以感谢你的勇敢，走入这样的课堂，就让你自己开始疗愈自己吧。

第三，无论爸爸妈妈是怎样的，请你全然地去接受，让你的心开始慢慢地放开。

有很多人婚姻过得很不幸福，但是永远找不到到底是哪里出现了问题，哪里让自己不幸福，而事实上，当你疗愈好你原生家庭关系的时候，你现在家庭的状态就会发生变化，这也是我们要真实地看见并了解这个伤痛所能带给我们的部分，然后就去接受它、接纳它。

我们来感受一下：你用慈悲的心看爸爸妈妈五岁的样子，也许你看见了他们对待你的方式刚刚好就是他们的爸爸妈妈对待他们的方式，你用慈悲柔软的心去看爸爸妈妈，理解他们的不容易，看到他们受的苦，看见他们的伤痛。

你就在心里对爸爸妈妈说，爸爸妈妈，不论曾经经历了什么，就请你们放下并且原谅，不论曾经经历了什么，就让我们一起离开那个伤痛的地方，不论曾经经历了什么，就让我们回到现在。当你看见爸爸妈妈的不容易的时候，你给你自己内在一个很深很深的暗号，就是你真的要开始理解并且接纳爸爸妈妈，原来他们对待你的一切方式都不是他们愿意的方式，而是因为他们接收到了这样的方式，他们不知道应该怎样爱你，他们不知道正确的方式。

所以，你就带着理解接纳和接受，慢慢地在心里接受爸爸妈妈，与他们对话说，我好爱你们……就是在这个过程中你让你自己有一点点的时间，这个时候，你就过去抱住你的爸爸妈妈，感受到你的爸爸妈妈也抱着你，对爸爸妈妈说，我爱你们。就是在这个过程，慢慢地放下，然后睁开眼睛，回到现在。

这个练习会有助于你和爸爸妈妈弥合关系，你会发现，这样的练习你做了以后，你好像不需要跟爸爸妈妈去沟通，你们的关系就开始变得更好了，变得圆润了。

让你跟爸爸妈妈、原生家庭的关系以及和祖先的关系全部连接起来，让你赢回力量、赢回爱，走向自由的生命与人生。

第二节　本质：厘清你与孩子关系的本质

我们常常感觉孩子让我们很操心，我们常常不开心，我们的父母也不开心，因为我们把所有的爱都给了孩子，而没有给予父母，结果就造成了孩子觉得被爱得窒息，父母觉得没有被关注而感到孤独。

因为孩子本身不需要这么多关注，孩子在他刚出生的时候是非常需要关注的，但在他生长周期的时候是不需要关注的，这是一个生命法则。但是很多人不明白这个道理，每天花所有的时间去关注孩子。没有智慧的爱就是一种伤害。

孩子的幸福和快乐，以及他未来的财富，都是有定数的。父母要做的是为孩子种下福田。

对待孩子要学会放手，让他去做自己喜欢做的事，我们把更多的爱和守护给予父母，要把父母当成小孩宠爱，这样你对父母的一点点爱就能换回父母很大的快乐。

孩子就会有样学样，你今天所做的就是孩子未来要做的。所以要好好地疼爱你的父母，孝顺你的父母。

我们看见错误的模式是为了改正，是为了塑造重新开始的信念模式，而不是为了埋怨父母。我们要达成一个共识：从今天开始，我感谢父母给予我的一切。

感恩不是一个名词，而是一个动词，我们要付诸行动。

第三节 投射：孩子是家庭中的镜子

当我们看见孩子，我们总是轻而易举地看见他的问题，觉得这个孩子很胆怯，总是不想跟人讲话。其实我们忘记他小的时候也是一模一样胆怯，一直到孩子长大也没有变得自信。所以孩子就是我们大人的镜子，如实地为我们呈现了我们所有的问题，但是我们以为这是孩子的问题。

孩子是如何呈现他的问题来成为镜子的？他会从行为上来表现。

比如孩子没有安全感，是他不知道如何安定内心，或者爸爸妈妈有完全不同的教育理念，完全不同的教育状态也会让孩子没有安全感；

比如双相障碍（是一种既有躁狂症发作，又有抑郁症发作的常见精神障碍），孩子狂躁发作是因为遇到一些不愿面对的冲击，如亲人过世，孩子会让这种情绪因为通过狂躁的形式迸发出来；

比如说孤独症，就是家族当中有需要被隐藏的秘密，家人不愿接受这个秘密，于是孩子把自己的心灵封闭起来；

孩子出现的问题，就是此时此刻我们原生家庭所创造的问题，所以我们要去认真地看待孩子出现的问题。孩子是我们整个原生家庭，乃至于整个家族的镜子。你看见的任何问题都不是孩子一个人造成或引发的，这是我们今天的教育认知。

父母在教育孩子当中看到的问题是由于自己心中的灯还没有点亮，在教育孩子这件事上的智慧不够。只要潜心学习一年，用智慧点亮心灯并努力实践，这些问题迎刃而解。一个人内在的智慧发生变化并努力付出实践，他的身外之物都将发生变化。身外之物包含孩子的状态，伴侣的状态，父母的状态，同事的状态，乃至财富收入的状态……

疗愈童年时的伤痛

请你闭上眼睛，深呼吸，现在让你的生命回归到极致宁静，这股能量将带你正视生命里内在的伤痛，你感受到小时候你经历过的那些伤痛，你看见你生命中所经历过的让你难过的画面。这些画面是什么呢？允许它像放电影一样，一幕一幕地来到你的面前。在你看到这些画面的时候，你去觉察你的感受，也许你内在有难过，也许你的内在也有纠结，但无论是什么，请你用你的生命去经历它、体验它、接受它。

现在，请你看向你的远方，仰望向上，在你的眼前，你看到一个光柱，用你的心念跟这个光柱连接，因为你所有的经历都是你选择的体验。未来，你将看见这一切美好向你而来。你看到一个真相，你童年时所经历的苦难，只是你想要选择的一个体验，从今天开始，你可以放下这些苦难。让你的生命，进入全新的时刻。

第四章 Chapter 04

疗愈原生家庭的创伤

第一节　勇气：直面原生家庭的伤痛

有一天，我去楼下接一个朋友，旁边站着一个4岁的小女孩，这时我蹲下来想跟那个小女孩儿玩，拉拉她的手，跟她说："你好！"那个女孩儿很紧张，立刻退回到妈妈的怀里了。她很怕我跟她讲话，很怕我的手碰到她的手。

她妈妈跟我说了一句话："她会很恐惧别人来跟她说话。因为我们都教育她不准跟陌生人讲话，因为现在外面都是坏人，会抱走你的。"这个妈妈一定想不到她正在培养一个怕生的孩子，因为这个孩子长大以后，在她的信念里面，会认为外在世界的人都是来伤害自己的。

小女孩妈妈的潜台词是外面的人有可能会伤害这个小女孩，凡靠近她，跟她说话的就要躲远一点，否则她就会被伤害。适度地对外界警觉是必要的，但过度地警觉就有些矫枉过正了。这个孩子从4岁起就对外在的世界非常恐惧，她觉得一切外在世界都是伤害她的。这个孩子长大很难看见人与人之间美好的来往，会对与人的社交互动有恐惧，这就是原生家庭所带给她的。

我们就用这一个故事来开启原生家庭所带给你的影响。我们都渴望自己的生命自己做主，可我们真的能主导自己的人生吗？

慢慢你会发现：原生家庭将会影响我们的生活。小的时候，你所看见的父母的相处模式，它将会像烙印一样，复刻到我们自己的人生和生活当中。同时，原生家庭所带给我们的伤痛，它会影响我们一生的人际关系。

原生家庭影响了我们看待自己的方式、看待世界的方式，影响着我们的人生观、价值观。所以，我们学习原生家庭疗愈，主要目的是能够看见这些伤痛的所在点，能够做有关和解与爱的功课。

为什么要针对原生家庭的负面影响学习疗愈？学习是为了让你更自由，为了让你对生命有选择的权利，为了让你的内心更轻盈、不背负沉重的思想烙印。当你有那么沉重的负担，生命何来轻盈与喜悦呢？

所以，我们透过学习原生家庭的疗愈进入到爱与感恩，进入到喜悦。不背负、不负重、不劳苦、不担负，如何达到疗愈呢？

首先，我们需要建立对原生家庭疗愈冰山理论的认知。

什么叫冰山理论呢？就是你现在看见的现象都是冰山浮出水面的部分。比如说你的婚姻当中所出现的状况，你跟你孩子的相处模式，都是你看见的冰山一角。冰山浮出水面的部分只占5%，也就是你今天能看见的现象、事件，而真正95%都在人的行为逻辑、更深层的意识里面，冰山下面的暗流推动了冰山的移动。所以，我们所看见的现象只是表象。

第二，你看不见的部分对生命影响更大。我们分享几个现象：当你释放了对丈夫的愤怒的时候，孩子就不再叛逆了；你想要拥有快乐的婚姻，就一定要尊重对方的前任伴侣等。这些全部都归结于两个理论体系：一是原生家庭的疗愈向上追溯；二是家庭序位的排列。这也是基于我在这八年时间来一直认真地潜心学习和研究，最终发现，这两个体系对人的生命有非常大的影响力。

人与人之间所有的相处都不是独立的，每个人背后都有一个强大的系统。我曾经做过一个个案，女生说她始终都很乖、懂事，很爱她的爸爸妈妈，不想让他们生气，可是他们从来没有认可过她。她之所以乖，是因为她内在受到不被认可的伤害，而她没有办法释放。所以她现在的生活就是不开心、不快乐、很低沉。这些都是因为原生家庭的影响所带给她的。

我们该如何拯救自己，如何解放自己呢？

请你思考：原生家庭到底对你有多重要？如果让你从0～100给自己打分，你有多大的意愿度疗愈你在原生家庭所受的伤？无论是多少分，请你写下这个数字，这将是你心愿的开启。你的分值越高，也就说明你所想要疗愈的意愿度越高。

接下来，我们一起来看看原生家庭所带给我们的影响。首先，它会影响我们的行为模式。曾经我们常常会想“我的爸爸妈妈是这样的，我绝对不要这样”“我的爸爸妈妈小的时候打我，等我长大以后，我绝对不要打我的孩子”。可是你会发现你的行为就像不能自控一样，总是重蹈覆辙。而这一切都是因为原生家庭所带给我们的潜移默化的影响而导致的。

对于原生家庭的这种“轮回”，你越有意愿想要冲破，你的学习结果越会不可思议，你也能照见真正的自己。

最后再来思考：你有多大的意愿度，成为那一个最早勇于去看见自己的伤痛，去疗愈自己的人？也请你从0~100分打分。

原生家庭所带来伤痛的疗愈，是一趟勇敢的旅程。疗愈将带领我们去看见在原生家庭当中所受的伤痛。我们需要先把隐藏的情绪垃圾清理掉，然后慢慢地去清理隐藏的、我们不知道的部分。

什么是在原生家庭中所受的伤痛？请你回顾一下父母曾经对你说过什么话？有什么语言伤害过你？现在随着我的引导来回忆，因为当你回忆的时候，那才开始勇敢地去面对。我想要带领你勇敢地面对原生家庭所带给你的伤痛，直面曾经的经历，因为面对才是疗愈的开始。

我们接下来需要有一段观想和冥想，带领你进入生命的潜意识。关于这段内容，我独立地录了一条语音，需要你找一下

《原生家庭的伤痛》这一段观想音频的二维码。借由着这一段观想的音频，做一次你内在潜意识的带领，希望我的音频能够陪伴你穿越原生家庭这一层的伤痛。

冥·想·练·习

面对原生家庭的疗愈

亲爱的，请你带着信任跟随我来！慢慢地放松，找一个自己觉得舒适的位置坐下来，轻轻地闭上双眼，如果你依然没有感觉到安全，请你用你的双手抱抱你自己，让你在这怀抱之中，感受到那无限的安全感。今天，我们要做一次穿越之旅。我们来一起回顾：曾经我们在原生家庭当中所受到的伤痛。

我们曾经在原生家庭当中受到过什么样的伤痛呢？或许爸爸妈妈曾说过不合时宜的话，或许爸爸妈妈也有在他们情绪失控的时候打过你。但是无论如何，你已经长大了。不要让这些过去的伤痛牵绊我们的人生，所以我们今天勇敢地做一次清理。现在请跟随我的带领！

你现在进入一个空间，在你的眼前有一条蜿蜒的小径，这一条路你可以顺着走下去。走到路的尽头，你看见前面有一个木屋。请你进去成为旁观者，现在你看见了什么样的景象呢？什么样的画面呢？无论你看见什么，你先进到木屋里，同时让自己安静下来，看着每一幕，然后对自己说：这些事情我曾经历过，但是在今天我选择疗愈我自己，我选择放下。也许此时此刻，你感受到你有些许的心痛，有些许的难过。但是请你相信我，你有能力做全然的释放和疗愈。能让这些伤痛不再牵绊你。无论曾经发生过什么，今天依然能让伤痛远离你的生命。对自己说：我有能力疗愈我自己，放下过往的一切伤痛。同时对自己说：我有能力完成我生命的疗愈之旅。现在请你带着这个力量，离开木屋。

慢慢地睁开眼睛，回到此时此刻，来做一个内心的感受抒发。此时此刻，你的感受是怎样呢？也许已经泪流满面，也许还在那伤痛之中，但是请你相信，你的生命终究会如花般绽放。最终你将疗愈好自己，变得完整、美好，带着这份信任、期许和美好，进入未来的生活。感谢你！感谢你的信任！感谢你的交托！感谢你的勇敢！因为你的勇敢，让我们如此顺利地完成生命的跨越。我们再次穿越生命的伤痛，所有的穿越都即将给你带来力量，从此，你将在力量中行走。

功课

你要把过往的伤痛用一张纸写下来，做一次回顾。当你做功课的时候，其实是把地毯掀开的过程。地板上面有脏污，我们可以用地毯覆盖它，但覆盖不代表脏污被清理，覆盖只是掩饰。所以当我们翻出这些伤痛的故事的时候，反而是真实面对的开始。

在你写完以后，请你看着你所写过的纸，对自己说：我有勇气并勇敢地接受、接纳过往所发生的一切，同时，我有勇气穿越并活出生命的最佳状态。请记得一定要写功课，功课的价值高于你的想象！

第二节　和解：与父母和解，感受生命的慈悲

在原生家庭里面所有受过的伤，你要现在回来，在爱中和解。一位心理学老师曾说："你知道吗，生命是最可贵的，当你的爸爸妈妈把生命赋予你的时候，他们就已经配得上你所有的尊重，他们就已经完成了他们的任务，他们对你所有的抚养都是多出来的恩典。无论好与不好，他们都以他们认为最好的方式爱你了，只是可能那个方式不是你想要的。"

事实上，你要认识到：父母是爱你的，他们把生命赋予给了你，这已经是最可贵的。很多人没有意识到这一点，你所经历的一切，在世界上所有的体验，都是由生命而开始的。就像是我送给了你一张迪士尼乐园的门票，所以你有了机会去迪士尼乐园体验。在迪士尼乐园里面会有旋转木马带给你快乐，会有云霄飞车带给你刺激，会有花街游行带给你喜悦，这些都是不同的体验。

你要明白一件事情：不是爸爸妈妈对待你不好，而是你选择了一趟要自己体验的旅程，就像去坐云霄飞车，你知道它很恐惧，可是你依然愿意去体验。

你的父母，彼此相遇、相爱、结婚，自然而然地就生下了你，他们只是很普通的男人、女人，所以他们生下你的那一刻，他们已经完成了作为父母99%的使命，就是给予了你生命，已经足够了。在整个动物的世界里面，很多动物产完一个卵就走了，这个卵就需要自己去生存、长大。

它甚至没有去陪伴孩子的成长，然而我们的妈妈哺乳、喂食。爸爸妈妈已经用他们认为最好的方式对待我们，所以对爸爸妈妈不能有过多的要求，我们自己可以去疗愈过往的伤痛。

爸爸妈妈是不会改变的，你能做的是改变自己，改变自己看待世界的角度，可以带着很大的慈悲心去看见爸爸妈妈，你去接受了，你就成长了，你就不再受伤。当你抚平了这些伤口，你就可以脱离出来，回归到自己的生命，重新做你自己，开始活出生命的自由，你开始可以选择接下来要怎样对待你的人生，怎样选择你的伴侣，怎样对待你的孩子。

所以，不要把所有的伤痛都归咎于爸爸妈妈。无论父母做过什么，不要怀疑他对你的爱。我们换位思考一下，你也会莫名其妙地对孩子发火，训斥你的孩子，但不代表你不爱他。你打他那一刻，你也是出于爱。所有的爸爸妈妈，都是有爱的，这是一种本能。

可我们常常不能接受爸爸妈妈，你认为他们做了伤害你的事情。要怎样在爱中和解，怎样活出自己呢？

答案是放大你自己。你把你自己放大，再看父母，看他们五六岁的样子，你会发现他们有时受到了他们的爸爸妈妈同样的伤害。

所以，当你带着这样的觉知拥抱他们的时候，你会没有任何怨恨，没有任何挑剔和指责。你十分感谢他们把你带到这个世界，感谢他们给予你生命，感谢他们抚育你成人。在爱中和解，在爱中拥抱他们。

与父母和解

现在找到一个舒服的位置，然后慢慢地闭上眼睛，全然地放松，来看你的爸爸妈妈，他们穿着怎样的衣服，他们是怎样的面庞，无论是怎样的状态，都请你去看，给自己一点时间，去看他们养育你的过程，无论是怎样的，在心里默默地说，爸爸妈妈，我爱你们，无论你们用怎样的方式来养育我，我已经知道，你们是爱我的，无论你们的表现形式是怎样的，我只收到你们爱我的部分。

你慢慢地长大，现在你看见爸爸妈妈五岁的样子，你用慈悲的心看爸爸妈妈五岁的样子，你看见了他们对待你的方式就是他们的爸爸妈妈对待他们的方式，你用慈悲柔软的心去看爸爸妈妈，你去看他们的不容易，看他们受苦，看他们承受伤痛，然后你就在心里对爸爸妈妈说，爸爸妈妈，不论曾经经历什么，就请你们放下并且原谅，不论曾经经历了什么，就让我们一起离开那个带来伤痛的地方。

不论曾经经历了什么，就让我们回到现在，然后你看见爸爸妈妈的不容易，你给你自己内在一个暗示，就是你真的要开始理解并且接纳爸爸妈妈，原来他们对待你的一切方式都不是他们愿意的，而是因为他们接收到了这样的待遇，所以他们不知道应该怎样爱你。当你理解了这一切，就慢慢地从内心接纳爸爸妈妈，然后与他们对话，说：我爱你们，我爱你们。

当我们与父母连接的时候，就赢回了力量，赢回了爱。让我们有更多的力量走向自由的人生。

第三节　父亲：与父亲连接，找到生命中的支点和目标

父亲对于男孩来说是生命中的目标，对于女生来说是生命中的支点。

女孩与父亲的连接

从小跟父亲关系特别好的女孩，大概率她的先生都不会太差。如果一个女孩小时候在父亲的爱中长大，每到女孩的生日会收到爸爸送的礼物，平时爸爸也给女孩爱的嘉许、赞美的语言，和爸爸很亲密，这个女孩长大找的先生一般也会很疼爱她，对方会让她有存在感、价值感，这个女人此生就会很幸运。

如果说女孩从小与父亲对立，仇恨他的父亲，她跟所有的异性一般关系都不太好，因为她不太相信异性。现在培养女儿，一定要培养女儿跟爸爸的关系。同时，也要慢慢地影响先生，让他努力地跟女儿搞好关系。

女儿的幸福，就是爸爸的爱和尊重，哪怕她成绩不好，哪怕她数学、语文不及格，都没关系，因为与家人的关系是生命

中能带给人最大的幸福指数。等你走过你的人生，回看的时候，幸福跟学习成绩几乎没有关系。

男孩与父亲的连接

对于男孩子来说，父亲就是他的榜样，父亲是他生命中的力量、勇气、动力，男孩和父亲连接得好，他的动力就很足，跟父亲连接得不好，动力就不足。

男孩跟父亲的关系，会对男孩的人生造成什么样的影响呢？一个男孩越是痛恨他的爸爸，等到他长大，他就越无法控制地跟他的爸爸一模一样。他不希望他的爸爸打妈妈，后来他发现他也会暴力对待他的妻子，而且不受控制；他从小挨过爸爸的打，他觉得自己一定不会打自己的孩子，等自己的孩子出生长大后，他也会不受控制地打自己的孩子。

对于一个男人来讲，跟父亲的连接越亲密、越正向，这个男人就越会连接到父亲身上美好的品质。作为妈妈，要想培养好自己的儿子，无论如何都要在孩子爸爸的身上找到五个以上优点，天天重复，不要让孩子去看他父亲的不好，而是要传承父亲的优点。

如果你让男孩看父亲的不好，男孩最终都会成为不好的样子。很多妈妈以前没有这样的认知，会把自己对孩子爸爸的抱怨全部说给孩子听，那该怎么做呢？

你是一个母亲，要有所担当，能忍得下的就要忍在心里，忍不下去的时候，你可以选择不忍，甚至选择离开，但是不能跟自己的孩子说爸爸有多么不好。因为，孩子会自然而然地站在妈妈这边，人性当中有一种力量，这种力量的牵引是你无法改变的。

只要妈妈跟孩子说爸爸不好，孩子一定会站妈妈的队，当他站了妈妈的队，就会痛恨爸爸，而这一点会带给孩子无上限的伤害。这种伤害是非常大的。

所以，你要好好思考该如何夸爸爸的优点，因为这些优点是孩子未来可以传承的优点。

与父亲连接

现在请闭上眼睛，做一次深呼吸，用你的感知力感受到你的父亲出现在你的眼前，全然地看见你父亲的影像。

看见父亲的影像向你走来，现在请对爸爸说，我看见你了，爸爸我爱你，因为你让我的生命有了力量；爸爸我爱你，因为你让我有勇气面对前方；爸爸我爱你，因为有了你所以我拥有了生命；爸爸我爱你，因为有你，我觉得有所依靠；爸爸我爱你，因为有你让我知道我是被爱的；爸爸我爱你，因为有你让我知道我是有力量有勇气并且可以有担当的人；爸爸我爱你，因为你让我知道我的内在充满着你带给我的力量以及父系家族所带给我的支撑；爸爸我爱你，因为你让我看见世界上的不同，因为你给了我对世界的认知。

爸爸感谢你，感谢你从小到大给予我榜样的陪伴；爸爸感谢你，感谢你成为我的父亲；爸爸感谢你，感谢你每一日对我的守护与叮咛；爸爸感谢你，感谢你用你的生命影响着我的生命；爸爸感谢你，感谢你总是为我们付出这么多，感谢你的挂念，我想对你说你辛苦了，你用你的肩膀撑起了我的世界；爸爸我爱你，我把全然的祝福送给你。

第四节　母亲：与母亲连接，找到生命内在的笃定

做母亲是一项能力，陪伴孩子是一项能力，这些能力只要你有孩子就要学习。

母亲的标志和标签是：提供爱与支持，陪伴、守护，无条件接纳并爱孩子，尊重这个生命，时刻给予赞美，并且为孩子树立榜样。

当一个家庭里面和任何一个环境里面没有权威的时候，合作就开始了。什么叫合作？合作就是我们共同想要达到什么目标，我们来共同完成。很多孩子叛逆，就是因为父母的管理太严。孩子一直觉得你是爸爸妈妈，你是有权威性的。家是讲爱的地方，不需要威严。

回想一下，你作为妈妈，是否一直都是有权威的？你觉得你是妈妈，你觉得你能管孩子，孩子很小的时候，因为他很小，所以你有权力管他。但只要拿出权威，就会有对抗。

如果你的老公每天对你很威严，却不给予你爱，你不会幸福。家里不是法庭，你也不是法官，法官也只有穿着法官服坐在法庭的审判台上，才需要威严。或许法官回到家是个暖男，或是

一个温暖的妈妈，也可能是个温暖而又可爱的女儿。

如果有一种工作确实需要威严，那也一定是在既定场合，而不是在你生命所有角色当中都要威严。生命的真相是大多数孩子都比他的爸爸妈妈聪明很多，因为人类在进化，每一代的孩子都比他的爸爸妈妈更聪明。你比你爸爸妈妈聪明，其实你的孩子也比你聪明。你只要尊重这个生命，让他自然地成长就好了。父母要提供支持，给予帮助，完成这个孩子来到世界上想要做的事情，这是父母的责任和使命。

和母亲的对话：妈妈，我爱你

妈妈，我爱你，从你给我生命的那一刻起，你已经完成了你所有的使命和对我所有的付出。妈妈，我爱你，虽然在生下我之后，你给我的爱不是我想要的爱，但是我知道你已经尽全力；妈妈我爱你，因为我知道你爱我，你在用你的生命来换化我的生命，养育我的生命。

妈妈我爱你，因为我知道你在用你的本能、你的身体乃至你的生命，全然地支撑我的生命和生长；妈妈我爱你，因为我知道你给予我的已然是你能够给出的最多和最好的；妈妈我爱你，因为我知道你所给予我的爱已然是你生命的全部；妈妈我爱你，你赋予我生命与教育，在这一场生命的生长中，你给予了我生命的认知，你给予了我生命的养分，你给予了我生存的本能和能力。

妈妈我爱你，因为你所给予我的是你的全部，你在用你最好的方式爱我，我对你的爱全然接纳，无论是什么样的方式；妈妈我爱你，感谢你一餐一饭的养育，若不是你的养育，我不能长大；妈妈我爱你，感谢你的一言一语的教导，若不是你的教导，我对世界将没有认知；妈妈感谢你，感谢你对我的生命的爱与守护，若不是在你的爱与守护之中，我无法长大。

妈妈我爱你，感谢你让我成为你生命的延续。妈妈，我爱你，我爱你，我爱你！

第五节　疗愈：和自己和解

一个不能与自己的生命和解的人，他没有能力跟世界相处，一个自己生命内在不和谐的人，他跟外在所有的人际关系都是和谐不了的，跟自己的父亲、母亲和谐不了，跟自己的孩子和谐不了，跟自己的伴侣和谐不了，跟自己的同事和谐不了，跟自己的朋友和谐不了。

一个真正与世界和谐的人，他可以达到与万物都和谐的地步。万物里面包括植物、动物，你看得见的部分都能够和谐。有一些人，他们的生命境界可以高到跟猫、狗等动物都能达成一种和谐，跟身边的每一个人都可以达成一种和谐。这个和谐来源是自我生命内在的和谐，跟外在无关。

当他不能与自己和解的时候，他跟外在的世界都会起冲突。自己每天内在不开心、不快乐、焦躁。这个时候最重要的一件事情是你开始从内心里面，跟你自己的受伤的内在小孩连接。这个时候你要做的是跟自己厌弃的那个自己连接。一个人的内在有很多个你，有一个你是受伤的，总是悲悲戚戚的；有一个你是愤怒的；有一个你是觉得自己不够好的；有一个你是自己不被认同的……你会发现你每一天都有这么多个你自己交织容错在你自己的生命当中。

一会儿一个你跳出来说：你就是不够好，你就是不值得过很好的生活；一会儿一个你跳出来说：你就是那么差劲……而当你内心有了这么多的声音的时候，你会把所有内在的不够好，投射给外在世界。当你生命世界里面出现一个你对自己说你不够好的时候，你马上就像一个翻译官一样，把你内在没有整合好的负能量带给你身边的人。

最明显的就是，当你内心否定自己，这个时候你就开始否定你的孩子。当你从小不被赞美、不被认可，这个时候你就把所有的潜意识里面被负向评价的状态，完全转化在了你身边人的身上。不仅仅是你的孩子，可能还有你的伴侣，可能还有你生命之外的人。但是最大的受害者是孩子，因为孩子跟你时间最久，你就把你的那种不配、不被认同，全部给了孩子。

所以，一个人，只要你没有跟自己和解，你的生命是没有办法跟外在世界真的和睦相处的。

怎么样才能与你自己和解呢？最好的生命状态是一个人身、心、灵合一。如果达到这种境界，这个人几乎处于一种开悟的状态。但更多的人是言不由衷、心不由己、念不随己的，心里想的跟你的表意识、潜意识完全不在一条线上。你的心里想的，不是你的潜意识真的支持你这样做。你说出来的话，又不是你心里真的这么想。

经常有人说我刀子嘴豆腐心，我说出来的那个话跟我心里想的是不一样的，我不是有意要伤害你的。这都属于内在和外在没有和解，没有合一，所以内心无法平和。

怎么样才能完成和解的功课？这个功课是非常关键的。

首先，你要确定出一个你自己。

这个“我是谁”好像一直是一个终极的哲学问题，但是我们的层次不是要达到那么高。你要对你自己有一个属性认同，这是需要你自己去挖掘的。曾经我接过一个个案，一个女生，她一直都唯唯诺诺，一直都很恐惧。她来上课不敢开视频，很认真地听课，但是她不敢开视频，非常害怕，很懦弱，以至于她的女儿也很懦弱，也抑郁。

我跟她做了一个和解的功课，我告诉她：今天不管你理解或不理解，你就说这句话，每天说，要说三个月，每天说一百遍，这是一个处方。你对自己说，“我是一个自信、坚强而独立的女人”，这个药方是给她的，不是给所有人的，让她以这句话为模板，说出三个关键词，我给她的处方是“我是一个自信、坚强而独立的女人”。过了一两个月，她的眼睛就开始坚定了，不迷离、不躲起来了。

要重新塑造出来一个我，然后再与周边的一切和解，再与自己和解。比如说你是一个父亲，你可以说“我是一个善良、温暖、有爱的父亲”。这个标签至少可以写三句话，每一句话里面可以写三个关键词。比如说“我是一个智慧、有爱、温暖的妈妈”，这样塑造你自己。

每一个人自己写功课，这个功课极其重要。你在这一条船上走着走着就变了，我和那个女生做过两次约谈，就拯救了她的生命。一次约谈是让她与自己和解，一次约谈是教她如何做母亲，如何做妻子。后来，她就变得非常喜欢分享，很出众，能感觉到她生命有光，眼里有爱，内心有底气。

这个功课每一个人都可以做，你可以多写一点，写出来三个，每一个人最多三句话，每一句话里面最多三个关键词。每一天早晨起来对着镜子去练习，对着镜子说出来。刚开始你可能背不会，可以写个便签贴在你家浴室的镜子上，照着念到100遍以后你就背会了。每一天100遍，你会成为你嘴里说出来的那个人。

30岁之前你好看不好看，都是由你父母决定的；30岁之后你好看不好看，面容的状态是由你自己决定的。而今天的这一个功课就是与自己的和解。

其次，所有的负面情绪需要整合转化成正面情绪。

有负面情绪是因为你受过伤。内心有愤怒，是因为你曾受过委屈：内心对人憎恨，是因为你从来没有得到爱；内心嫉妒，是因为你没有被看见和尊重过……背后都是一种可怜，请你带着慈悲心去拥抱每一个有着这些负向能量的自己。

这样你就知道你为什么能量高不了，因为在你的生命里面有太多个你了。你被一群低能量的你拉扯，不断地向下拉扯，这样低能量的自己称为“小我”。我只是举了几个例子，说不定还有更多不堪的你自己存在，你去觉察那个不堪的自己，用慈悲心一一去跟他们对话。如果你看到你内心的愤怒，明明孩子根本没犯什么错，但是因为你自己那天很愤怒，你上去就打孩子，是你自己生命当中那个愤怒的你自己出来了。你回忆一下，这时候当你去拥抱那个愤怒的你，转化成爱的时候，你的生命能量就提升了，这就是转化。

但是当你成为一个高频高震动的你，这个高频高震动的你称为“大我”，超越你自己。“你是一个有爱、温暖、温柔的女人”，要去写超越你自己更好的那个部分，成为一个中心，把那个更好的你自己写下来。慢慢地去觉察那个小我到底是什么？一个一个地把他们罗列出来，你有哪些是小我？你有没有愤怒的你自己；有没有负向情绪的你自己；有没有情绪不自控的你自己；有没有小心眼又嫉妒的你自己……写下来以后开始与自我对话，用慈悲的心拥抱所有的小我，把他拥抱回你的大我，最终你就与你自己和解了，你的心开始合一了，让心开始先合一，成为一个高振频、高能量的自己，你就开始变了。

和自己和解，将收获一个比和解本身还要大的礼物，就是你们会变漂亮。漂亮从哪里来呢？从你的生命开始慢慢变得发光，你的能量开始变得越来越好，你的生命开始成为发光体的时候，有人关注你的时候，你就会变得更好，你就会变漂亮，能量变好的时候整个人就变了。

第六节　接纳：接受我是女儿身

很多父母受中国传统文化的影响，怀着胎儿的时候，爸爸妈妈更希望胎儿是一个男孩。当孩子出生后，发现孩子是女孩，就会当成男孩来养，从而造成了孩子性别的错位。而在被性别错位养育后，性别错位对待孩子是一个极大的功课，生命是先由接受自己的性别开始疗愈的。带着父母这样的心念出生的孩子，会有几个状况：

第一：这样的孩子总是焦虑，害怕被遗弃。在妈妈的母胎当中，妈妈想过“孩子我要还是不要”，是不是要去流产，只要有这样的想法，孩子就会终身伴随一种恐惧，“我是会被遗弃的?”这样的恐惧会一直从小到大，贯穿人生始终。

孩子内心也会有一种声音说“如果我是男孩就好了”，这一切都会影响女性的荷尔蒙分泌，会影响女性的阴柔之美。这样的女孩通常性格更加中性，着装比较喜欢穿硬朗的衣服，因为想要证明自己，让自己与众不同，同时要不断地去孝顺父母，因为在孝顺父母的过程当中，这也是一项证明，她要证明我比你家里的男孩更有用、更孝顺。这一切的证明并不能带给生命和生活更大的幸福，反而是一种深深的伤痛和羁绊。

我们如何穿越这份束缚呢？首先请跟我的引导对自己说：“我接受我自己是女儿身，我接受我自己，我接纳我自己，并且我非常爱我自己是女儿身。”当你接受自己是女儿身的时候，生命开始有了新的绽放。

我们要看见这些伤痛，跟自己的爸爸妈妈和解。和解的关键是告诉爸爸妈妈：“请你们接受我是女儿身。”

在文章的最后，我们设置了冥想的部分，你需要不断地听冥想，不断去看见你来的目的和价值。因为通常不被接受性别的孩子，出生以后对自己生命的价值认同就会非常低，常常不知道自己为什么要出生。

冥想是为了做潜意识的疗愈，潜意识的疗愈至关重要，冥想需要反复多次聆听。你在安静的状态下冥想的时候，就形成了对自我生命的疗愈。

而女儿身带给自己的幸福是什么呢？比如说我觉得我特别庆幸自己是女儿身，因为我可以每天美美地化着妆，穿着色彩斑斓的衣服出门，这一切都是因为女儿身的好处。

最重要的是因为我是女儿身，所以我可以做母亲，我可以孕育一个生命，见证生命的奇迹和伟大。人类的历史，通过40亿年的进化才来到我们今天的生命状态。作为母亲，我用十个月的时间就可以经历生命的奇迹，乃至于成长。

如何让自己成为一个更好的女性？如何让自己看见女性的优点、优势？如何让自己在女性的生命当中找到自我生命的满足感和幸福感？可以通过多次冥想，达到疗愈自己的目的。

冥·想·练·习

接受我是女儿身

今天我开始看见我自己。我看见镜子中的自己：温婉、美好。我感谢我自己是女儿身！我接纳我是女儿身！我看着镜子对自己说："哇，你是如此美好的女孩！"我看着镜子，对自己说："我欣赏你，我喜欢你！"

虽然你是一个女孩子，可是你依然可以创造万物。你依然可以创造自己的美好。你的美好，我看见了！我看见了！我看见了！我爱你，我爱你是如此温婉的女子！我爱你，我爱你如此美丽的容颜！我爱你，我爱你如此婀娜的身姿！我爱你，我爱你晶莹剔透的心灵。我爱你，我爱你能看见自己的心！原来我是如此美好！

原来大自然的创造如此奇妙！它让我成为不同色彩的我，来装点这个世界。我爱我的容貌，我爱我的笑容，我爱我的所作所为、所言所行。我所到之处，带来欢喜、带来祝福、带来恩典。我是我家庭中的祝福，我是父母的好女儿，我是伴侣的好妻子，我是孩子的好母亲。我在我的性别角色中扮演了多个优秀的角色。因为有我，我身边的所有人都感受到安然、喜悦、快乐、爱与感恩。

因为我的存在，世界多了色彩，多了爱。因为我的存在，生命变得有了希望。我是我家庭的祝福，是我妈妈爸爸的小棉袄，我是伴侣的陪伴，我是孩子安全的港湾。我嘉许我自己在每一个角色当中卓越的成绩，我欣赏我自己，赞叹我自己。我为此而欣喜、雀跃，因为我知道我的存在将成为大地，成为溪流，成为阳光。我感谢上天，让我成为女儿身，我感谢父母让我成为女儿身。

第七节　分离：与原生家庭分离，建立新的家庭

一个人的成熟，是从告别原生家庭开始的。家庭序位排列里面，相爱的两个人要结婚了，至少要做到这三项分离：

第一，身体上要与父母分离，要组成你们的小家庭。当两个人要结婚了，男方要离开男方的爸妈，女方要离开女方的爸妈，进入自己的一个小家。这跟孝顺无关，你可以每个星期回去看各自的爸爸妈妈。但是，当你进入新的婚姻，就要有自己的家庭。

这是第一个身体的分离，这样，你新建的家庭会更温馨。在我们现在的社会里面，我们常常看到很多的男生，在结婚了以后就直接把妻子带回到自己的原生家庭来住。而事实上，在这个家庭里面，是没有妻子的位置的，因为男生和他的爸爸、妈妈已经是一个非常完整的原生家庭状态。这个时候妻子进来，似乎就像是一个外人。以至于妻子总是找不到自己的位置，在序位里没有她的位置，所以就会慢慢地形成解离感。

第二，从心理上要与父母分离，成为独立的个体。心理的分离比身体的分离要更加重要，很多人在心理上形成巨婴宝宝，

看似已经三四十岁了，可是他没有做到三十而立，四十而不惑。他还是在一种巨婴宝宝的状态下。他以往一直被父母控制，虽然非常抱怨父母的控制，但是他习惯了，事实上就是没有与父母分离。还有一种状况，就是很多孩子在进入婚姻的时候，走的是自己父母所有的轨迹和历程，所以就没有办法活出真实的自己。

第三，从经济上也要与父母分离，不再依赖于父母的经济支持。当一个人想要精神独立的时候，前提是经济独立，经济独立才能拥有生活的底气。

原生家庭的疗愈冥想

好！现在请你听着我的声音，生命里面有一种能量，把你自动地散发出来。让你的生命自然而然地看见与你在一起，现在来看见你的父亲母亲，然而你看见的是父亲母亲五岁的样子，你看到他们那么小，那么无助，那么没有力量。现在，请你蹲下来，伸出你的手，牵着他们的手。对他们说，我愿意陪伴你们长大，我接受你们长大后所有的行为，因为我知道你们由不得自己，我接纳未来在我们的人生当中所有的交集相遇，因为我知道你们在此时此刻的能量中，也全然地对未来充满恐惧未知和不确定。

曾经我不知道，原来你们所有的行为都是身不由己。曾经我对你们有怨恨，走到今天我才知道，原来你们也是那么渺小无力，无法控制自己的生命，乃至于无法控制自己的言行。

你们所有的行为都是因为你们曾经所受的伤。在今天我向你们承诺，所有的伤痛，我将为你们疗愈。亲爱的爸爸妈妈，我想对你们说，我爱你们，对过往发生的所有，我说声对不起，请原谅，谢谢你们所给予我的生命，我爱你们。

随着这一声我爱你慢慢地回归到爱与拥抱上，将他们拥入怀中。慢慢地对他们说，我会替你们而活，活出你们最想要的样子。然后慢慢地告别，回归到现在，慢慢地睁开眼睛。

下篇

康复的心法

第五章 Chapter 05

支撑你走过生命困境的力量

第一节 相信：相信的力量

父母要不断地去相信孩子的未来，做到对未笃定。同时，时刻记住榜样的力量，培养自己的某种能力，这种能力是你希望孩子具备的。那么，你要做到：不要求孩子做自己做不到的事情，与孩子一起尝试做那些困难的事情。如此一来，你就会发现对于未来的恐惧在不知不觉中放下了。其实，让你焦虑恐惧的事情98%是不会发生的。98%的焦虑来源于未发生的事情。

相信本就是一种力量，孩子不是不够好，是我们缺乏相信！还有什么没有达到自己的希望，还缺什么？是我们还没有完全相信我们拥有并配得拥有！

孩子最终能成为三个样子，第一是你相信他会成为的样子；第二就是你现在的样子；第三就是你害怕他成为的样子。带着相信的力量去给孩子能量，相信孩子未来足够好！孩子是带着未来使命而来的天之骄子！全然相信、全然爱他！

每一个人都有自己的擅长，鼓励和相信的力量去表达！每一人都是带着使命来的，你所到达的地方，就是要照亮这个地方的，你可以让你遇到的人得到荣耀和帮助；你所到达的地方能带给更多人丰盛；你本就是丰盛的！

要多跟自己说："我选择相信我的孩子，我的相信是给孩子最大的祝福。相信孩子，可以成为孩子成长路上最大的后盾和力量。我相信他是带着自己的天赋和使命而来，相信他这一生所要经历的，无论顺境、逆境，都是有益于他生命成长的。一个人的信念决定他的外在世界，外在世界是他内心意念的显化。害怕孩子成长得不好是无用的，越害怕越会吸引不好的结果。我相信孩子的未来拥有无限光明！"

功课

对着孩子或者在心中观想孩子的形象，念诵祈祷文：

孩子，我相信你来源于光明，我相信你就是光，

我相信你来到这世界就是光的存在，

我相信你会活出生命的意义，如花般绽放，

我相信你，我相信你，我相信你，

我相信你会完成一生中所有的使命，

我相信你会成为时代之骄子，

我相信你终将成为影响时代的人，

我相信你是生命的领袖，

我相信你，我相信你的优秀，

我相信你勇于承担，

我相信你的所作所为，利国利民利他，

我相信你肩负着使命而来，

我相信你，未来会为你而来，

我相信你，我相信你将创造你的世界，

我相信你，你的生命中本自具足一切，足够完成你此生的修行，

我相信你，你能轻而易举地拥有属于你的一切美好！

肯定语句：我相信孩子未来会有属于他自己的幸福！

第二节　榜样：修己以安人

一直以来我们都希望周围的人和事更好，但实际上应该“修已以安人”！

《礼记·大学》中说：“古之欲明明德于天下者，先治其国；欲治其国者，先齐其家；欲齐其家者，先修其身；欲修其身者，先正其心；欲正其心者，先诚其意；欲诚其意者，先致其知。致知在格物。物格而后知至，知至而后意诚，意诚而后心正，心正而后身修，身修而后家齐，家齐而后国治，国治而后天下平。”

成为榜样是自我内在检视的过程。教育孩子的过程中，应该遵循一个原则：我做不到的事情，我不强迫我的孩子做到；我让孩子做到的事情，我先做到！

每一个孩子都有心灵感知力，孩子可以不和你说话，但知道你内心在想什么，知道你有什么样的情绪。大人与大人之间的交流是用语言的，孩子与大人的交流是能量的振频。孩子可以感受到你底层的状态，我们面对孩子要更加真实，孩子相信他看见的，模仿他看见的，他需要看到父母真心的行为。

成为榜样型父母，做孩子的榜样。

功课

1.觉察自己的生命是否对自己满意，从1分到10分，你给自己打几分？

2.找出自己5个优秀的特质。

第三节　赞美：在你身上看到我自己

曾经看过一本书，有一个哈佛大学生，别人去采访他，问他："你还记得在整个童年中，爸爸妈妈对你的教育最好的状态是什么吗？"他说："我的爸爸妈妈特别会赞美我。每当我做到一件很小的事情的时候，他们就会赞美我，然后会鼓励我去做一个更大、更难的事情。"其实就是在这种赞美的状态里，彼此之间的关系更加靠近了。

一个懂得赞美，懂得欣赏别人的人，不仅仅与孩子的关系会好，而且他身边所有的关系都会越来越好。我们来分析一下，什么样的状态下需要赞美孩子。

一、孩子做得很好的部分，我们要真诚赞美。

二、做得不够好的部分，我们要学会在不好的现象里看见好的特质。

三、孩子没有勇气做的部分，你要去赞美他，让他有勇气去做。

在赞美的世界，我们需要让自己有三种眼睛：看见、慧见和会见。

看见，你能看见孩子的优点；你能看见孩子的优秀特质；你能看见孩子生命中的光芒。

慧见，你能用智慧的眼睛去看见孩子；你能用智慧的思维引导孩子；你能用智慧的心感知孩子。

会见，你能与孩子的未来约会；你能与孩子未来的热爱约会，你能与孩子未来的美好约会；你能与孩子未来的成就约会。

妈妈要看见孩子的好，给予孩子正向的鼓励，他最终就会成为优秀的人。其实这就是心理暗示。心理暗示是指人或环境以不明显的方式向人体发出某种信息，个体无意中受到影响并做出相应行动的心理现象。父母给孩子正确的心理暗示，孩子最终都会以对的方式呈现在我们面前，成为那个你想要他成为的样子。

妈妈的赞美是对孩子极大的恩典。每个人都要警惕自己的语言，因为它可以创造，也可以毁灭。妈妈的嘴是有“权柄”的，对孩子说正向的语言，不要去抱怨孩子。看见孩子不正确的行为，妈妈不要去挑剔和指责，而是要帮助孩子去找到为什么会出现这种不正确的选择，然后帮他分析和化解。母亲要肯定孩子做的事情和说的话，肯定就是认可孩子取得的点滴进步；宽容孩子做的错事，关注孩子的以后，而不是对他以前的行为耿耿于怀。

从今天开始，学会赞美吧！赞美孩子一定要看过程。比如孩子完成拼图后父母的语言。错误的方式："你好棒哦！"原因：这是远远不够的。正确的方式：要对孩子从拼图开始到结束的过程给一个鼓励。例如："你今天拼图的这个过程好专注、好认真！拼完的这个图也让爸爸妈妈好赞叹！你今天拼图完全沉入这个过程，专注力很厉害，你真棒！"

对孩子做某件事的全部过程进行细致的描述，说肯定、优质、积极正面的语言，予以鼓励和赞美。父母的这种赞美将带给孩子超级棒的感受。赞美是对孩子最好的滋养。认真地看到孩子每一个优点并给予赞美（不要担心赞美会让孩子"上天"。）孩子每天做同样一件事情，也要重复赞美，用不同的点来赞美他。你越赞美孩子，孩子越会在这个对的事项里面不断地重复。

功课

1.每天发现孩子当天所做的三件值得赞美的事情，并且以描述事件的方式赞美孩子。

2.列举出孩子优秀的特质，并且每天重复告诉孩子。

第四节　尊重：孩子是独立的个体

世界上没有两片完美相同的叶子，每一个孩子都有他的独到之处，都值得被尊重。在你认真看待一个生命的时候，以宇宙的观点和视角，你就能看见生命的伟大。在我们看待孩子的时候，会发现每一个孩子都不一样，其实每一个孩子都是上天赐给我们的礼物。

所以，我们要由衷地去看见孩子，并尊重孩子。因为每一个孩子都是独立的个体，他有权利有自己独立的思想、独立的行为以及行事准则。我们要做的是在每一个细节里去尊重孩子，在行为里、生命里去全然地接受、接纳孩子。

父母要关注孩子内在的感受，允许孩子做自我生命的选择。父母要觉察自己对孩子的爱里面有没有对孩子的控制，父母是不是控制孩子做完所有的选择，如果有控制，孩子长大后会失去对生命里所有选择的力量。一个人的勇气来源于他敢于选择。一个人的成功几乎都来源于他敢于选择，敢于放下，敢于冒险。父母应该允许孩子做选择，哪怕这个选择是错的。父母应该尊重孩子的选择，让他敢于选择。

一个人三十岁以后的成就跟他敢于做选择是有关系的。父母应该允许孩子对自我生命做创造。父母要信任孩子，在教育孩子时学会放手，允许孩子完整地表达自己的想法。不要在孩子支支吾吾的时候打断他。反省是否相信孩子，允许他做他自己。

功课

1.觉察自己平时在哪些事件上是尊重孩子选择的？哪些事件里没有尊重孩子的选择？

2.当你不能尊重孩子的选择的时候，原因是什么？

第五节　幸福：生命本是一场旅行

世界上所有的人都在追求幸福，那幸福到底是什么呢？没有人能说出一个标准答案。我们并没有期待孩子成为一个改变时代的人物，没有期待他能够拯救世界，也没有期待他未来有多大的成就。我们只希望他是一个幸福的人，可以健康幸福地长大，可以自然而然地到了该读书的年龄读书，到了该结婚的年龄结婚，到了该生子的年龄生子。期待他这样一路平安、健康、顺利、幸福就好了。

幸福不是期待来的，而是要在每一个当下去感知。很多人都认为，幸福是要努力创造的。但其实生命的创造是很容易的，是轻而易举的，并不像你想象的那么艰难。在你不断地学习，不断地让自己成长，生命能量不断地增加，生命层次不断地提高时，金钱财富将被你吸引过来，你会拥有轻而易举的富足。

如何感知幸福呢？

第一，感知生命的本自具足。如果你真的想要底层动能的幸福，你需要对“本自具足”这几个字去开悟，这个是底层动能。什么叫本自具足？生命当中本来你从出生开始，是带着使命而来的，你也带着完成你所想要完成的一切体验而来，你一无所缺。

但是很多人不知道，就开始变得莫名其妙地难过，而这些难过来源于哪里呢？来源于原生家庭带给你的那些伤痛，来源于今天的生活所带给你的压力，来源于对未来的生活和未知有恐惧。是这些障碍了你，让你没有办法知道，原来你可以如此轻易地获得幸福，你就没有办法去看见自己那份应该有的幸福，而且你自己对未来的那份恐惧，你不仅仅你自己会恐惧，更可怕的是，你会把这种恐惧带给你身边所有你能看见的人。

你会把恐惧带给你的孩子，把这种恐惧带给你的其他家人。一个具有压力的人通常会把这份焦躁的气息抛在自己的家里，所以孩子只能去承担对未来的恐惧，对未来的不确定和不安心。这些痛苦、磨难以及内心的恐惧障碍了你获得幸福，从底层动能当中所获得的幸福。

幸福是一种选择，你是完全有能力在当下选择幸福的。你可以选择幸福，也可以选择不幸福，幸福其实从来都不是客观的存在，而是一种主观的感受，它不存在于任何地方。但是你愿意选择幸福的时候，你的主观就开始感受到幸福了。

第二，认识到让自己幸福是一种技能。让自己快乐是一种能力，让自己幸福是一种技能，而大部分人认为幸福和快乐是从外界而来的。

你知道有多少人的生命不断在讨好，有多少女人常常去讨好她的丈夫，其实是她希望她的丈夫把她想要的爱、快乐和幸福能够给她。有多少女人在讨好她的孩子，或是过分要求她的孩子，因为她希望未来她的孩子能够有所成就，她就可以幸福，而事实上，幸福不来源于客观的存在，而是你要让你自己幸福。

这是你自己要担负的责任，幸福是一种技能，它可以被练习。一个内心常常非常平和的人，他很容易得到幸福。这种平和是什么？是不焦躁，不焦虑，对未来不恐惧，对当下能接受。当一个人拥有如此幸福的能力的时候，其实你就会发现她的生活就开始有了阳光，而且当一个人学会让自己幸福的时候，美好的事情就会出现。

很多人说我希望发生一件美好的事情，然后我就幸福了，但其实是你要先让你自己幸福起来，才会吸引到更多让你幸福的事和幸福的人。所以生命往往都是这么本末倒置。

第三，幸福是你的责任。作为母亲，作为妻子，作为女儿，作为多重社会角色的你，幸福是你的责任！是你应当担负的社会责任，因为你快乐，你幸福，你身边的人才能快乐和幸福！

作为妈妈，你应该是一个幸福的妈妈，这是你做母亲最大的责任。作为女儿，你要是一个幸福的女儿，这是你作为女儿的角色，让妈妈不担心你，所以这是女儿的责任。作为爱人，你首先要每天是幸福的，你才能把幸福带给你的伴侣，所以在伴侣的关系当中，幸福就是你的责任。

在你的工作环境当中，你一定会有同事，会有上级，会有下级，那么不论在什么样的工作环境里面，你在你的社会岗位当中，你就应该是幸福的。

第四，很多人觉得成功才是幸福，其实不是。幸福不来源于外在的条件，它来源于你内在的感受。幸福跟外在的环境一直关系不大。真正关系大的是你内心的感受。还有一个障碍幸福最大的部分叫欲求，即欲求不满，总是想要更多，这些欲求也会妨碍你的幸福！

这种感知幸福的能力，是需要去练习的，你要去练习开心、练习幸福。很多家长没有带给孩子幸福，因为自己都不幸福，对幸福的定义太狭隘了，很多人认为幸福就是有很多钱，那是因为你没有钱，等你有了很多钱，你会发现钱根本不能带给你幸福。除了你吃穿用之外的，钱都是没有用的。钱不会带给你幸福，真正会带给你幸福的是你对生命的感受力。

你需要在每一件小事里面感受到幸福。孩子抑郁，你换一个角度想也是一种幸福，因为你现在还每天可以看见孩子，哪怕他黑白颠倒，每天看见他还好好地待在这里，通过你的努力，他以后还是能恢复正常的，这不是应该感到非常幸福的事情吗？所有这一切，你需要自己去感觉，感觉你的幸福。

更美好的是，幸福是越给越多的，当你爱别人的时候，你被满满的爱包围着。那种幸福和幸运多到你自己都数不清，这是上天给你的恩典。

请告诉自己："我值得拥有幸福。"

功课

1.障碍你获得幸福的是什么？

2.你觉得要怎样，你才能获得幸福？

第六节　沟通：建立心的连接

父母们的教育问题大都始于和孩子之间的沟通出现了问题，如果想要找到一条捷径，那么就要从真正学会和孩子沟通开始。

怎么沟通呢？

第一：好的沟通是学会倾听，听听孩子到底想要说什么，他想要向爸爸妈妈表达什么。

我们要关注孩子的情绪波动，同理孩子的感情，每天与孩子有充分的交流时间，有效交流20分钟就可以了。这20分钟是真正与孩子谈心，我们要做到全神贯注，聊聊孩子最近的想法、遇到的事情，孩子说的时候，我们做孩子最好的倾听者，让孩子感觉“你说我听，你说的我都能听懂”。这样给予孩子尊重，投入他的语境中。

也可以和孩子讲述一个事件，重复是非常关键的。同一事件，不同的时间从不同的角度去分析。不要低估重复的力量，一次次地重复是给孩子的内心种下心锚。

教导孩子就是要一句一句地教，在每一个细小的事情上一点一点地告诉他，而且还要重复。谈话需要父母做到平等交流，孩子和父母都要保证说话的时长。

沟通时一定注意：能量不足的时候，不要开启任何重要的对话。因为控制情绪需要大量消耗能量。

晚上，你和孩子都疲惫了，都倦怠了，能量都已经不足，情绪控制的能力已经有限了，这个时候如果发生重要的对话，不仅仅效能低下，也可能诱发冲突。因此，能量不足的时候，不要开启任何一场重要的对话。

如果沟通不畅，孩子有叛逆行为，你又缺乏理解，导致孩子会出现更多叛逆行为；如此一来父母会陷入沮丧、绝望，进而会让孩子产生内疚感，使其进一步叛逆，这就是恶性循环。

孩子叛逆的底层逻辑是：孩子内在缺乏父母对他的爱，孩子透过叛逆想要唤醒你的关注。你给孩子的爱不是他想要的，对他来说是无效的。而且孩子的脑回路和父母的不一样，他会常常感觉被你误解。

我们该如何消除与孩子之间的误会？学会倾听是关键。倾听是一项技能，需要在实践中练习掌握。学习沟通关键不是学习说话，关键是学会倾听。倾听是沟通的开始，沟通中大部分是依靠表情、眼神、肢体语言来完成的。语言表达在沟通中只占37%。

我们需要不断地练习倾听，保持目光的接触，用眼神和肢体语言默许对方继续，心里散发出一种信念："你说得对，你可以继续说……是的，我愿意听，你继续……"认真地倾听对方在说什么，倾听要保持耐心，专注去听孩子想要说什么，鼓励他表达自己的想法，感受他的感受，以同理心共同面对他的问题。

倾听切忌开口，切忌评判孩子的观点，切忌随意打断孩子的话。你的专注即是爱的表达，与孩子沟通要有极大的耐心。

第二：好好说话，用正向的语言沟通。

好好说话是衡量一个人情商高低的标尺。人与人之间的关系建立，就是看如何说话。人往往不是故意犯错，而是不知道这件事情做了之后的结果。父母会因为自己的错误认知而做错，一错再错，错上加错。孩子在这种错误的模式中成长，就会受到影响。

我们爱孩子为何没有得到回报呢？首先，我们与孩子相处时，错误的教育模式造成了这个结果。在这一过程中，你不知道如何对待孩子是对的，如何对待他又是错的。

其次，我们对待孩子的语言，就是未来孩子对待所有人的语言。不要把孩子当孩子教育，而是要把他当成非常尊贵的大人一样来对话和教育。和孩子好好说话，用赞美和赞叹的语言。如果他说得不对，告诉他："我们换一种方式表达是不是更好，是不是让人家觉得更舒服?”

你怎么和他沟通，他就怎么和你沟通。如果希望孩子情商高，那么你就输入高情商的话语给他。你今天如何跟他讲话，他将来肯定如何跟你讲话。输入的是美好，那么孩子输出的也一定是美好；输入的是暴虐、叱责，将来你所面对的孩子也会对你暴虐，随意叱责。作为父母，“好好说话”是面对孩子的底线。孩子犯的错误都是些日常生活中的小错误，对待这些错误家长要冷静。孩子犯错了，应该过几分钟后，等彼此都冷静下来再去沟通分析对错，不要因为一时冲动，用不理智的语言带给孩子伤害。

生存本能的智慧就是权衡自己的能力后再反抗，叛逆的底层心理（动机）就是报复父母。一直以来父母错误的教育模式带给孩子各种负面情绪：生气、愤怒。十岁以前他不敢反抗你，因为他还很弱小，当他长大了一定会反抗你。孩子积聚的愤怒会在十一二岁以后化成行动，还给父母。

情绪伤害只能被清理，不会被遗忘，不能被掩盖，最终都是会发酵的。带给孩子的伤害只能用爱来化解，用极致诚意的改变来抚平伤痛。原生家庭会影响孩子的一生，作为父母要疗愈好自己在原生家庭中受的伤痛，给孩子一个好环境、好土壤，让孩子茁壮成长。真正的教育就是做好自己，孩子自然会好。

孩子不听话的原因是父母说的话不是正向的语言，那些话是让孩子不开心、不想听的内容。每一个人都是被语言滋养的，对孩子说赞美的语言，他不会不听。当孩子得到父母的鼓励和赞扬，他自然而然会升起一种向上的状态。

想要和孩子保持融洽的关系，需要彼此的尊重。没有任何一个人喜欢在权威和威严之下生活。学会和孩子做朋友，陪着孩子一起长大，让孩子每一天都开开心心地成长。

功课

1.请觉察你与孩子说话之间的语言能量。

2.请觉察你与孩子说话之间的语言内容。

第七节　感恩：寻找回家的力量

每一个人出生的时候，都继承了父亲、母亲的身体元素以及心智模式，DNA中蕴藏了父母的全部信息和能量。一个人不管有多么大的成就，最终都要回归到自己生命的源头。

我们是怎样来到这个世界上的？无论父母在我们的成长过程当中做过什么，我们的内在都渴望跟爸爸妈妈产生爱与感恩的连接，这份连接，将关乎我们生命的方方面面：我们与伴侣的关系，与孩子的关系，与外界的关系，与事业的关系。与父母在爱中的关系，将把我们带入与自己的和谐相处之中，活出真实的自己，成为自己喜欢的样子。一切你所渴望的美好，都要借由感恩父母而来。

为什么感恩父母如此重要？因为我们的生命来源于父母，来源于精子与卵子的结合，来源于初始细胞的不断裂变，所以，我们用爱、用感恩紧密地和父母连接，也就是在祝福我们自己。

让我们怀着极深的感恩心，来面对父母，我们每天早晨起来看见自己的身体，就开始祝福爸爸妈妈，感谢爸爸妈妈给予了我们这么健壮的身体；感谢爸爸妈妈给予了我们生命，把我们抚养成人。父母在我们生命诞生的那一刻，他们已经完成了99%的责任和使命，剩下所给予我们的都是生命的礼物，我们要对父母生出深深的感恩与赞叹！

功课

1.回忆与父亲、母亲最温暖而感动的一件事。

2.每一天早上为父亲、母亲送上感恩的祝福，成为生活的常态。

第八节　爱：给予孩子无条件的爱

经常有人说自己的孩子抗压能力弱，其实这是由家长的挑剔、指责、不接纳引起的。孩子怎么样才能特别自信呢？当他从小看见了母亲对他的认可，他就特别自信。一个人的自信基本上是零到六岁时父母的眼神导致的。但是父母如果在他零到六岁，没有无条件地爱他，对他总有要求，这个孩子就没有办法很自信。要知道，每一个孩子内心都渴望无条件的爱，可是因为我们没有爱的能力，所以很难给孩子爱。

怎么来培养自己爱的能力呢？

首先让自己有爱。那份爱不断地从你的内心生发出来，给孩子像泉水一样鲜活的爱。这一点特别难，因为每一个妈妈在小的时候可能也没有被认可过，也没有被她的妈妈认可和疼爱过。所以她就好像没有这份能力，内心是空的，是没有力量的。

很多人都希望对方能满足自己，自己给出去的都是有所求的，原因是不能够全然地爱自己，如果一个人能够全然地爱自己，你会自然而然地平和。有很多妈妈说我就是忍不住，然后就打了孩子。其实，你不需要忍不住打孩子，你只需要爱你自己就好了。

当你全然地爱你自己的时候，你会发现你的孩子也很爱你，你的伴侣也很爱你，你身边所有的工作伙伴也很爱你，总之他们会越来越对你好，你就不会有这么大的情绪。

怎么样才能开始爱你自己呢？刚开始的时候你可能很难做到，“爱自己”这个主题，我分好几节课来讲，所以不着急。有一个能让你马上做的事情，就是你花一点钱来买一个你自己喜欢的东西。比如说你以前真的很喜欢某一件衣服，好，你就去买。你真的很喜欢吃一个冰激凌或者是一块巧克力，或者是喜欢一束鲜花，你看到后就买回来给自己。

很多女人会给孩子买衣服、买鞋子，给老公买衣服、买鞋子，自己却什么都没有买。你全然地爱了别人，自己内在的爱没有满足的时候，你心里面其实是会生发出来一种渴望，那个渴望一旦达不到，你就会控诉，就会埋怨。

所以一个人真正地能够做到的，为家里面做出来的最大的贡献，不是你爱你的先生，爱你的太太或者是你的孩子，而是你真实地开始爱你自己，看见你自己，觉得你自己很重要。

其次能做到只赞美，不指责。

当你能够爱自己时，不论孩子做什么，你都能认可孩子。孩子做错事的时候不要过分指责他。想明白一件事情：我们不是努力地成为卓越的人，而是努力地成为普通人。所以你要做的就是自然而然地看着生命成长，爱是孩子长大的土壤和养分。

当你内心真的对这个孩子有爱的时候，用最初对生命的敬畏、对生命的爱护去关爱孩子的时候，孩子的生命能量就会发生变化，他的生命能量就开始变得饱满、喜悦、快乐。这是给父母上的最重要的一课。

功课

1.练习你要先从语言的表达开始。妈妈能每一天跟孩子说："孩子，我爱你。"你可能会觉得有些别扭，那么就"借假修真"。从语言开始练习。爱既然是一项能力，就可以通过练习来培养。

孩子本身是你的，你内心对他就是有爱的，这个练习就更加容易。叫孩子的名字并对他说"我爱你"，如果你刚刚开始说不出来，那么把孩子的照片洗出来，放在相框里，对它说"我爱你"。请相信一件事情，你表达爱的时候他内心是知道的。如果你不能马上跟孩子表达，那么你可以透过孩子的照片，不断地跟孩子说我爱你。

2.一个人与另外一个人的肢体接触非常重要，肢体接触比说话更管用。我们以前总是很难跟孩子有很多这种肢体的接触、拥抱等。要去练习跟孩子的拥抱。你去拥抱你的孩子，每一天上学出门的时候和回来的时候去拥抱孩子。

3.无条件地接纳。无论孩子现在是什么情况，请你先接纳孩子。接纳了孩子以后孩子就能康复。有人说我对孩子说“我爱你，我爱你”，孩子根本就不信。因为你内心爱的力量没出来，因为你的行为没有表达出来爱他。

父母给予孩子的爱，不需要任何意义上的回报，它只是一个礼物，是所有孩子都应该得到的礼物。

第六章 ■ Chapter 06

命运一定钟爱那些愿意慢慢变好的人

第一节　五件套：成本最低的康复之道

第一，喝水。每天早晨起来大量喝水，你可以喝柠檬水、淡盐水、白开水，增加身体的代谢率。

第二，运动。每天都要运动。因为你不运动，你的身体能量就无法流动，当你的身体动起来，代谢就会加快，负能量就会透过你的身体排出体外。

第三，每天大声读经典。一个人想要快速离开现在的困境和问题，就得调整你的自身能量，你的能量高了，困境就不在了；你能量低，困境就像磨爪一样，死死地抓住你。怎样提升能量呢？当你大声诵读古圣先贤的经典，你就在与高能量的人对话。

我们的性命需要营养的补充，所谓性命，“性”要用道和德的力量来滋养，而“命”需要地上的五谷杂粮来支撑。在这两者合一的时候，我们的生命才得以完整。而我们平常人每一天只养生命，而没有养心性。而诵读经典书籍，其实就是养性的过程。

第四，带着孩子读经典。孩子在阅读经典的时候会开发眼、耳、鼻、舌、身、意，同时又有高能量会滋养心、肝、脾、肺、肾，这就是内修外养。我们要活出内圣外王的状态，要借由学习经典中的道、德、仁、义、礼、智、信而达到生命的圆满。我们读书要读蕴含生命真理的书籍，去与圣贤对话，让经典成为老师。

诵读经典书目，能让孩子左右脑平衡、心脑合一。诵读经典比学习任何知识都更重要，因为知识是可以很快学会的，然而智慧却是需要沉淀的。慢慢地与智慧同行，最后再去学习在世间生活的技能，就达到了两者的平衡。

带孩子读经典的时候要用“指读”的方式。当你指着字去读的时候，手指和书之间的接触，会刺激人的触感神经，令身心平衡。读经典是需要有这样认真专注的态度的。我建议所有的爸爸妈妈在带着孩子读经典的时候，切记要做到人在心在。很多时候我们想培养孩子的专注力，其实我们需要培养自己的专注力！

第五，做断舍离。清理家做断舍离的时候，你要慢慢清理，静下心来清理，每天可以清理一个地方，每天用一个小时去做清理。

第二节　陪伴：游戏让我们放下身段，与孩子对话

有的孩子过度迷恋游戏，一打游戏就停不下来了。很多家长都为此感到苦恼，一方面担心影响孩子学习，另一方面担心长时间打游戏会对健康造成影响。但如果孩子正处于叛逆期，你给他讲道理，孩子可能根本听不进去；如果你强行规定不能打游戏，可能会引得孩子直接反抗。

家长不能理解孩子的行为，因为不了解，所以误解。这件事值得我们思考，孩子们为什么那么迷恋游戏并且沉浸其中？一是因为孩子在现实世界中缺失了太多，所以在网络世界做心理弥补，比如寻找价值感、成就感，可以做自己的权利，可以主宰一切的感觉。

二是孩子需要玩耍。玩耍能够促进他的好奇心发展，这使他能更好地学习。在玩耍的过程生发出来孩子的探索心、探险心、冒险心、好奇心等。这些“心”和孩子连接，铸就孩子学习的能力。孩子是在玩中学会各种技能，学会创造力、专注力，学会社交能力，学会组织力。

可全民焦虑的时代下，老师会把成绩的焦虑传递给孩子，

传递给家长。孩子在学校接受老师的高要求，为了成绩，身负重担。父母将从老师那边传递的焦虑又压到孩子的肩头。不要把所有大人的焦虑都传递给孩子，孩子的小肩膀担不动。

父母控制孩子，对孩子的期待和要求都是压在他肩头的重担。要知道，所有你控制的点最终都会失控，最终孩子会叛逆。现实是，你越期待他的成绩好，他越不能让你达成这个期待。

父母、老师、学校都处在成绩的焦虑中，孩子担不起这么多的焦虑。一旦孩子倒下，那一刻为时已晚。孩子厌学，情绪崩溃，晚上睡不着，躺平在家玩游戏也不出门等，这些情况都是父母在教育过程中错误地给予造成的。

那我们应该做些什么呢？

第一：从孩子小时候开始，陪伴孩子玩耍。

如果我们想告诉孩子什么，那么最好的方式是“玩给他看”，而不是“说给他听”。重要的是：我们陪孩子玩游戏，不论是什么游戏。更为重要的意义是“联结”孩子，看见孩子，感受并理解他们的情绪。但其实这并没有看上去的那么容易。

如果我们剥夺孩子的玩耍时间，实际上是剥夺了孩子的美好。爱玩的孩子更具有冒险精神，更具有创造力。不要给孩子增加很多课业，而要让孩子对学习生出一种渴望的感觉。孩子玩的时候能调动生命里的一种“向上”的能量，孩子做他生命里有意思的事情，他就会向上；如果孩子被迫做一件事情，他就会向下。

我们要把所有的时间用于跟孩子培养快乐和开心上，要给孩子玩的时间，要带给他生命美好的体验感。一个人觉得生命不好玩，没有乐趣的话，就会丧失求生欲，失去想要继续精彩活下去的理念和信心。要激发孩子的求生欲，一个丧失求生欲的人，他的生命将完全没有希望，他的生命将黯淡无光。

第二：把所有的时间用于让孩子练习如何让自己快乐开心。

我们应该鼓励孩子，你的未来跟成绩无关。告诉孩子，你的美好未来无可限量。不要对孩子有任何要求，不要剥夺孩子玩的时间。千万不要配合老师，把孩子玩的时间都剥夺掉。

母亲绝对不要随大流，成为跟所有人一样去要求孩子的那个人。作为母亲，要知道对这个孩子来说什么是最重要的。一个好的母亲是点燃孩子的心灯，给予孩子希望的那个人。

任何时刻都要和孩子站在一起，教育是把你愿意做的事情与孩子分享，而不是逼迫孩子去做他不愿意的事情。老师打电话说孩子成绩不理想时，要站在孩子那一边，保护他，给他安全的空间，不把老师打电话说的内容告诉给孩子，无论什么情况下都不让孩子知道老师对他的负面评价。

第三：在孩子心中种下“自在”的种子。

不与孩子情绪对立。让孩子意识里认为妈妈最好，妈妈最爱他，妈妈愿意为他挪开他不想要的，妈妈愿意满足他所有想要的。这是在孩子心中种下“自在”的种子。

我每天接待的案例呈现：孩子因为学习家庭当中的双重压力，每天压到他身心俱疲，最终他选择了躺平，什么都不做，也没有对未来的期待、信心和价值，他不认为自己的存在是有意义的，完全掉进了失落与抑郁之中。

作为家长，我们应该反思：我们到底带给孩子了什么？孩子应该被看见优点，而不是被看见缺点。孩子的缺点被看到，他会不断地呈现出来；孩子的优点被看到，他也会不断地呈现出来。母亲要看到孩子的优点，激发孩子玩的能力。每一个孩子都没有义务和责任用他的生命来成就大人的面子和期许。

所以，真正能带给父母幸福的是什么？不是孩子的光宗耀祖，不是成为企业家，而是孩子和父母那温暖的一句话，对视的一个眼神，心有灵犀的默契。

第三节 多子女：家有二宝如何相处

父母如果打算要二胎，那么应该提前对大宝做好心理建设，真心实意地告诉孩子：再生一个不是为了跟自己亲，而是为了让你有个伴。而作为家有二宝的父母，需要建立起几个认知。

人生命的本能是认为世界资源是有限的，每个人都会有对爱的紧缺和不安全的感觉。现在的孩子从出生就是孤独的，每一个家的门与门都是封闭的，爱也是封闭的。而两个孩子相处得好与不好与父母有100%的关系。

家庭中，有了二宝后，大宝呈现的几种状态和背后的原因如下：

1.大宝短时间内变胖或变瘦。其原因是：老大胖了是觉得不安全了，爱会被夺走，总想着通过吃来让自己获得安全感；而瘦了则是内在不开心，没有食欲。面对这种情况，父母该如何做呢？很简单：当下开始要先爱老大，再爱老二。告诉老大，你小的时候妈妈也是这样对你的，给老大不断讲他成长中的故事，让他充满安全感和被爱的感觉。

2.大宝突然脾气暴躁。大宝会争抢二宝的东西，这种表现的背后是：孩子内心有了一份不被爱的感受。他总是在担心，我会不会被爸爸妈妈遗弃？爸爸妈妈会不会不再爱我了？父母应该为孩子们建立好相处模式，要学会平衡孩子们的心理。

父母不能偏爱其中一个，要公平对待每一个孩子：我同样爱大宝、二宝。要不断地告诉孩子，这个世界你最亲的人就是你的兄弟姐妹。告诉老大，你是这个世界上最幸运的人，因为你有这么好的弟弟或妹妹；告诉老二，你是这个世界上最幸运的人，因为你有这么好的哥哥或姐姐。

父母要做的是给孩子们爱和凝聚力，让他们变得很亲。告诉老大，你的责任是照顾好弟弟或妹妹；告诉老二，你的责任是听哥哥或姐姐的话。不能要求老大让着老二，因为老大也是孩子，也需要你的关心和爱护。不能让老二不尊重老大。把美好的东西都分给老大，让老大去分配。

父母需要灌输给孩子们的观念是：无论爷爷奶奶、外公外婆、爸爸妈妈有多爱你，都会比你先离开，唯有同胞兄弟姐妹才是陪你最久的人。这个世间所有的朋友都只是朋友，唯有兄弟姐妹才是最亲的人。生命里遇到困难，遇到问题，唯有血肉同胞才能给你无私的帮助。在与孩子的沟通中不断重复：爸爸妈妈的爱是无限的，无论几个孩子，对每个人都是无限的，而且给予每个人的爱都是一样的。

告诉孩子爸爸妈妈有能力让他们生活得很好，物质很富足，有足够的好吃的，有足够的用的，不用争抢。让孩子们建立起很深的情感，增加彼此之间的亲情联系。这些行为的目的是让孩子“福杯满溢”，让他们感觉到安全。这样就不再有争抢。

建立孩子之间的秩序，长幼有序，大的爱护小的，小的恭敬大的。告诉老大你要照顾老二，因为你在为自己照顾好一个伙伴；告诉老二你要听老大的话，因为他是最爱你的人，是陪伴你最久的人。

第四节　婚姻：调整孩子康复的土壤

婚姻关系是人类很难处理的关系，因为男女大不同，天生气质不同，原生家庭也不同。但是婚姻关系是家庭关系当中最重要的，夫妻之间就是土壤，在两方土壤非常好的状态下，孩子就会自然而然地茁壮成长，所以我们有责任去维护家庭的和谐。

什么样的家庭是利于孩子成长的呢？

其实就是在家庭当中氛围和睦，不断地有欢声笑语，不断地让我们感受到彼此相爱，并且有爱的连接，孩子其实是不需要教育的，就像你把一颗种子丢在土壤里，它会自动破土而出，开花结果。

而对于孩子也是一样的，我们能给孩子最好的礼物就是夫妻之间彼此相爱，氛围和睦，让孩子看见爱，看见和睦。结婚很容易，可是经营好婚姻不容易，这需要我们不断学习、觉知，并且带着爱进入家庭当中，才能维系出有爱、和睦的家庭氛围。

第一：放下彼此间的操控和占有。当我们结婚的时候，往往会觉得对方是我的，往往会打着爱的名义去要求和操控。真正在婚姻里面是要给对方和彼此留有一定界线空间，留有自由空间的，而这份自由是内在的自律、自省、自觉、自察之后的自由，而不是放纵。

最好的夫妻相处之道是，我允许你做你自已，我允许你活出光芒四射的你自己，这才是在一对夫妻里面彼此的融合。每一个人都在渴望自由，大家试着想想看，当一个犯人犯罪后，他就会被关在监牢，而人们真正最害怕的是什么。不是害怕住在那个房子里，因为监狱是个牢房，是一个牢笼，因为他没有自由，他不能自由出入，这才是他真正害怕牢房的原因。

在经营家庭的时候，我们一定要放下那种囚牢、枷锁，给予对方自由，把家经营成温馨的港湾，这可能是所有人都在说的话，但是做到不容易，这也是我们在整个家庭经营中所要给予对方的，有的时候在婚姻当中还有一种操控和控诉，说对方背叛自己。事实上，真正的背叛不是强者对弱者的背叛，而是弱者对强者的背叛。

就相当于两个人一起去爬山，一个人走着走着说我累了，而另外一个人想不断地向上移动，向上攀爬；然而这个时候停下来的人往往想要操控向上移动的人，因为向上移动的人在不断地移动，停下来的人会觉得他们的距离越来越遥远了，越来越失控了。最好的夫妻关系，不是去操控，也不是去占有，而是鼓励他活出更好的自己。

所有的夫妻不要彼此占有和操控，而要彼此陪伴，共同成长，共同进步，让对方看见最好的自己，让对方能够活出灵魂当中的使命，让对方能够绽放出生命的光芒，这也是最好的夫妻状态。

第二：从夫妻关系入手调整营造爱的氛围和家庭喜悦度。只要你变了，家的氛围就变了，孩子就好了。

在家里，丈夫懂得制造快乐，制造家庭氛围感，制造节日仪式感，制造家庭仪式感，这是高情商的行为。丈夫要懂得爱护你的妻子。家庭所有成员里面，每一个人的生日都要有仪式感，这就叫制造快乐。尤其是女儿的生日，一定要有蛋糕，要有鲜花，要有礼物，让她对生活有仪式感，对美好有向往。

只有夫妻关系好了，家庭关系才好，因为家庭最重要的基石就是夫妻关系，夫妻关系如果出现问题，亲子关系是不会好的。

家庭氛围就这么简单：开心积累多了，抑郁就好了，所以要营造快乐的家庭生活。

第五节　复学："不着急"的心态是陪伴抑郁症孩子的重要法宝

有一个妈妈问我，说孩子的语文老师让孩子回学校去参加艺术集训，是否可以？我问她："孩子现在好了吗？"她说："不知道，但情绪好了一点。"我说："如果抑郁没有好，是不可以去上学的。孩子的情绪好了一点，不代表他的抑郁症康复了。只能说曾经的那个问题，可能通过你的学习得到了一些缓解。所以孩子的情绪也有些许好转，但是不能把这个好转当成是绝对的康复。"

什么才是康复?

康复标准是你要去医院做检查，或者你在钧岚心理平台上面做量表。要真的看见量表是正常的，那就是康复的。每一个孩子在复学的时候，都是去医院做完检查。钧岚心理平台量表，虽然不能作为休学或者是作为复学证明，但却是给我们孩子康复的一个参照，是很标准的量表。

很多家人在进来之前给孩子做过量表是重度抑郁症，伴随双向情感障碍。两个月过后，再带孩子去做量表，结果是轻度抑郁症，虽然这个轻度和康复是有距离的，但是你能看见一个孩子，他从重度到轻度，这就是一个康复过程。

我们要去关注孩子的康复过程和康复结果，而不是去过分地着急孩子什么时候能复学。值得你着急的是你自己有没有很大的变化。今天，孩子已经用他的生命在唤醒你了，那你有没有很大的变化呢？这个问题你要不断地去做灵魂拷问。

思考自己的变化，你可以列举一两个事实，去回顾一下自己有没有变化。大家要记住，你有变化，孩子的病情就有变化；你没有变化，孩子的病情就没有变化；你有大变化，孩子的病情就有大变化；你有小变化，孩子的病情就有小变化。所以不要着急一时。

生命很长，什么时候学习都不晚。苏东坡是大文豪，他的父亲也是一个大文豪。你可能不知道，苏东坡的父亲从小是不学习、不读书的。等到了他适婚的年龄，家族安排给他选了妻子，他结婚以后，直到孩子生完了，他突然有一天跟他的夫人说，我觉得我应该去读书了，后来成了大文豪。苏东坡的父亲是人过中年才想起来去读书的，但是依然不影响他成为一位大文豪。

人生本身就要不断学习，从什么时候读书都不晚。比如我是从8年前已经29岁了，才开始学习心理学，我只用了8年的时间。而在这8年的时间里，我读了那么多的书，上了那么多好的老师的课，而且治愈个案几乎达到95%以上的治愈率。其实你会发现，人生什么时候开始都不晚。在我29岁做心理学之前，我做的是医学美容，是另外一个行业，而那个行业也是需要学习的。所以你每进入一个行业，你的学习跟你小时候学多一点东西和学少一点的东西没有太大的关系，你自己回看的时候，你会发现其实差距不大。

人生真的很长，你们不要把孩子的一朝一夕看得那么重要，感觉很着急。人生真的不用着急，人的生命能量就像手机里的电池。一个人来到这个世界的时候，手机电池都是充满电的，而且电量指数是一样的。当你在孩子很小的时候，过分消耗生命能量，过分消耗手机电池，那等到了后来就没电了。

就像你从早晨充满电出门，如果你整个上午都在看电影、看短视频，你不停地在使用你的手机，它就没电了，但是如果上午不去这样过多地消耗，那就能撑到晚上，在睡觉前再充电。生命的这种能量是一模一样的，不要过早地去消耗孩子的生命能量。

“不让我的孩子输在起跑线上”，这句话本身就是个错误的认知，孩子的起跑线不是孩子自己，是父母对这个世界的认知，是父母的智慧、知识、社会地位、家产。我们都是普通人，不要去奢望孩子能够做大的越级。

“不着急”，是你陪伴孩子最重要的一种心理状态，更重要的是“不着急”是培养孩子的一个法宝。当你有时候焦虑的时候，请你对自己说，我培养我的孩子不着急。生命本来就是一条定量线，从来到走是一样的。我们每一个人不都是赤裸裸地来，而赤裸裸地去吗？内心不要有焦虑，不要被别人影响，不要攀比。

你真的带着孩子做了检查，做了90项测试，检查报告上面孩子完全正常。那我们就可以思考怎样让孩子去复学，可是孩子复学这个过程是非常艰难的。就像我们每逢节假日过后回去上班一样，需要有一个适应期，一个能量的调整过程。孩子从经历完一场抑郁，再到复学，这个过程是非常艰难的。

因为我已经陪了太多孩子回归校园的那个过程，我只能用五个字形容：“太不容易了。”孩子是需要有适应期的，所以我们需要有心理预期，有耐心陪伴孩子。所以，当孩子有这种好转变化时，请大家不要着急，我希望你真的用半年、一年的时间，不仅仅陪伴孩子抑郁症康复。我希望你在这个过程里面，趁着孩子在家的时间，跟孩子真正地相处。

生命是需要休止符的，我每一年都给自己放一个月的假，在这一个月的假期里做自己喜欢做的事情，读书、带孩子。我这么热爱工作的人，已经把工作当成我生命的第一属性，但是我依然会给我自己放假。我每走完三年一个轮回的时候，会给自己放三个月100天这样一个假期，让我知道下一步该怎么走。

你不要把孩子的这一次生病当成是生病，你把它当成是生命当中奔跑过后的中途休息。所有人的休息时间都是懒散的、松弛的，请所有的父母允许孩子的懒散和松弛，不要强迫孩子做什么，他洗澡就去洗，不洗澡也请你允许。就是他想做什么，就允许他去做。偶尔想吃一点垃圾食品，不要过分去阻挠或者是对抗。这些对于抑郁症的人来说，他突然想要吃一些东西，其实对康复有很好的帮助。

在康复的过程中，要做好几件事：

第一，开始接纳自己和孩子现在所有的一切。自己不要活在焦虑自责当中，也不要活在愧疚当中。对于孩子也不要活在要求之中，而要自然一点。

第二，孩子现在在家里面待着，对于孩子要有无条件的爱。你对他的爱，不是因为他优秀；你对他的爱，不是因为他早起早睡；你对他的爱，不是因为他按时吃饭；你对他的爱，不是因为他成绩优异；你对他的爱，不是因为他不玩手机等电子产品，而是无论他怎样，你就是爱他，全然地爱他。你对孩子越是无条件地爱，越能治愈孩子。

第三，你对孩子的康复要充满希望。他是生病了，我接纳，但同时，我对他的康复充满了希望，充满了信心。我确定他是可以康复的。跟孩子不断地说，跟你自己也不断地说，孩子是可以康复的。伴随着爸爸妈妈自身的改变，孩子也会改变的。

第四，关注孩子的正向情绪，不要关注他的负向情绪。有的时候孩子会有负向情绪出来，不要关注就好了。你关注什么，什么就会被放大。你关注他的正向情绪，不断地去跟他的正向情绪互动。同时你接受他有负向情绪，而不是抱怨和对抗。

第五，提升自己的敏感度，善于观察。你要把你自己的敏感度，跟孩子对话的敏感度提升起来。如果你一直不提升这个敏感度，你会发现出现一个新的问题——跟孩子无法沟通。连接建立不起来的时候，心与心之间的关系就建立不起来，所以你要尝试提升你自己的心理敏感度，跟孩子沟通的敏感度。你越有这种沟通的敏感度，跟孩子的关系就越好。你跟他的关系越好，他的康复就越快。

孩子已经有了抑郁的倾向，请把你的心安定下来，相信孩子能够康复，不要有焦虑情绪。只要孩子患有抑郁症，妈妈、爸爸有焦虑情绪，整个家就会弥漫着焦虑的气息，对孩子的治愈是没有帮助的。心安之处是吾乡，让你的心找一个内在能够安身的家。人生就是会遇到挫折，不要把这一次挫折当成是一次灾难，要把挫折当成是生命的唤醒，对自我生命的提升，这样你的能量才会升级，你内在的力量也才会升级。

第六节　快乐：提升快乐的九大法则

第一，快乐不会凭空产生。你的快乐是你制造出来的，这个观点很少有人去觉察。什么叫快乐？快乐在细节当中，你要在每一个细节里面去感受快乐。你面对自己的时候，没有让自己成为一个非常快乐的个体，又如何让你的孩子快乐呢？

第二，一个人给不出来自己没有的东西。孩子抑郁是因为你根本不知道如何快乐，当一个妈妈每天早晨起来就不快乐，你怎么给孩子快乐呢？你内心的能量都是不高兴、不开心，然后你就开始催孩子。叫孩子起床叫了两声，他还不起，你就愤怒了，然后声音就开始飙高了。这种不快乐就开始传染开来，你把不快乐传染给了孩子，孩子闷闷不乐地从床上起来，气呼呼地去学校了。然后就开启了孩子不开心的一天。这些都是简单的因果关系，没有什么高深的道理，可是就是这么简单的道理，我们好像错了一辈子。

第三，为什么我们在生活当中日复一日地犯错？你觉得看哪儿都不开心、不快乐。你的内心有着对生活深深的不满意，然后你的孩子久而久之一定会对他周边的世界和生活都不满意，于是他就绝望了，以至于他想要离开了。

第四，如果我身边发生了什么事情，就可以很快乐，这是对快乐的错误认知。我们来树立一个正确的信念，就是我和我家庭中的快乐是我制造出来的，这是一个信念系统。生命需要更多新的认知才能活得更好。快乐就是你自己制造出来的，制造快乐本身是一种能力。只要你愿意，这个能力你都能学得会。你要让自己开始进入一种状态，让自己感觉很快乐。

第五，快乐在点滴之间，制造快乐很重要。你做一点让你开始快乐的事情，先做一些让自己能看得见的东西。首先，让你的生活环境变得非常干净整洁。每一个人都要学会做断舍离，把所有不要的东西清理完。你的居所要有绿植鲜花，养出来让家很有生命力！其次，你所用到的东西是你喜欢的，是你开心的，让它带给你一种能量。

你可以把自己的家弄成一个让自己待着无比舒服的地方，让自己生活得很舒服。这种舒适度和小幸福，会让你的生活开始变得温馨、温暖，在舒服和幸福的时候，你的情绪会自然而然地变好。

第六，多让自己的生命里有色彩。你要让你的衣服有各种各样的色彩，色彩是上天赐给我们的恩典，让我们成为装扮这个世界的人。如果你情绪不太好，建议你多用明艳的色彩。

第七，每一天你制造出来开心和喜悦的能量，慢慢地抑郁就好了，其实抑郁是自动离开的。当你能够接纳开心和喜悦的能量在你身上发生的时候，其实抑郁就好了。每一个人的生命里快乐都是自己去寻找的。天天关注受苦，生命的终极结果都是受苦；天天关注快乐，生命的终极结果一定是快乐！

第八，学会与生活对话，把你自己调频调在快乐和美好里面。上天对每一个人都是平等的，我们呼吸着同样的空气，喝着同样的水。每一家人吃的其实是差不多的米面、青菜和肉品，家家的餐桌其实相差不大。但为什么每个人日子过得不一样？原因是你的感受力和关注的事物不一样。一个妈妈不快乐，你的孩子就不敢快乐！这可以用心理学的忠诚法则来解释。

你不快乐，你的孩子快乐就是背叛。他会指责自己的内心。你如果想让你的孩子快乐起来，你先不要管孩子目前的状态，你要能够做到先快乐起来，从生活里面找到幸福和快乐的小确幸。孩子相当于一颗小种子，很好地养护这颗小种子，他就可以慢慢发芽，慢慢开花。快乐的目的其实就是相当于给这颗小种子换个花盆，换一个土壤环境。所以环境是至关重要的，你要让自己成为好的土壤、好的环境，你的孩子自然而然就会成为好种子，他会发芽、开花、结果。

第九，人生终其一生是让生命绽放！最理想的教育是什么？在我的观念里面，最理想的教育肯定不是让孩子成为一个多么卓越的人。我只希望在我教育之后，让我的孩子成为一个快乐的人，尤其是在他小的时候为他积蓄快乐，让快乐成为未来面对人生中各种挫折或艰难的滋养，这才是最重要的。

尾声

我们曾彼此守护陪伴

当你学完整本书的时候，你一定已经有不少的领悟，已经让生命又拔高了一大截。在这一大截的拔高过程当中，请你记得你好棒，记得你真的值得拥有一切美好！带着这样的信心和能量迎向自己生命的美好，每一个时刻都觉得自己超级棒，正活在恩典当中，每一个时刻都觉得自己的生命在喜悦之中，在快乐之中。借我经常教导我儿子的一句话，跟大家共勉：“我是宇宙中最快乐的能量”，现在这已经是我儿子的口头禅了。所以你也可以成为这宇宙中最快乐的能量。

很感谢大家在这一段时间认真学习，很感谢你的勇敢，为你自己，为你的家庭，为你的家族，乃至于为这个时代做了这一次的疗愈之旅。这一段路我知道在你走的过程当中，或许有伤心、有流泪、有情绪，像打翻了五味杂陈的瓶子。

但是走到今天的时候，我为你庆贺，谢谢你在你的生命当中又拿到了一枚勋章，在这里给大家一点点小小的忠告：人到中年之后难免会有脾气，把所有的脾气忍下来，藏不住的脾气是伤害，藏得住的脾气是勋章。那是为自己的生命加冕的勋章，所以让自己时刻成为一个好性格的人，无论你曾经经历过原生家庭的何种伤害、何种对待，总之走到今天让我们成为生命的建设者，给予自己无限的力量，重新建设自己生命的模式。生活的模式，让我们每一个时刻都可以活在美好当中，也用一种爱来祝福你、守护你。

如果你有一个时刻觉得自己缺乏能量，或者是你真的好缺少一种爱的拥抱，而你可能觉得什么都不用讲，一个拥抱就够了；或者你觉得有一个人牵着你的手就够了，那么这个时候如果真的没有想到谁的话，你就想到我吧，想到我在牵着你的手，跟你一起走过这一段路，想到我在拥抱你，在陪伴你，去感觉那份温暖。因为我们彼此的爱生发了一个化学反应，叫陪伴中的温暖，你就能感觉到我们彼此守护陪伴走过这一段。

所以，如果你觉得某一件事情你没有力量去面对了，你就想一想，如果是钧岚的话，她会怎么想这件事，会怎么去面对？当你这样想一想，那个答案就真的会浮现在你的心里。

所以无论怎样，我都愿意陪伴你的生命；无论怎样，我都为你的生命而喝彩；无论怎样，我都认为你是生命当中最贵重的。能够陪伴你，我不胜荣幸，能够参与你生命的故事，我感谢你的信任，因为这所有的信任让我们创造了奇迹，让你我的生命拥有了不同的价值和光芒。所以感谢你的到来，感谢你的勇敢，感谢你的出现，最终让我们彼此的生命一起向上、向高、向更宽广、更善良、更温暖的地方，一路向前。我牵着你的手，你也牵着我的手，一路走过！感谢你们，深深地感谢你们。